신유물론 입문:
새로운 물질성과 횡단성

신유물론 입문:
새로운 물질성과 횡단성

지은이 문규민

1판 2쇄 발행 2022년 12월 30일
펴낸곳 두번째테제
펴낸이 장원
등록 2017년 3월 2일 제2017-000034호
주소 (13290) 경기도 성남시 수정구 수정북로 92,
태평동락커뮤니티 301호
전화 031-754-8804
팩스 0303-3441-7392
전자우편 secondthesis@gmail.com
페이스북 facebook.com/thesis2
블로그 blog.naver.com/secondthesis

ISBN 979-11-90186-24-7 03130

프리뷰 박상현, 배세진, 윤준식, 신원준, 정경직, 정재윤

이 저서는 2017년 대한민국 교육부와 한국연구재단의 지원을 받아
수행된 연구임(NRF-2017S1A6A3A01078538).

신유물론 입문:
새로운 물질성과 횡단성

문규민

1부 물질—테마들

1장 되살아난 물질

2장 횡단하는 물질성

2부 물질—연주자들

일러두기

1. 주석은 모두 각주로 처리했으며 단행본 및 저널명은 겹화살괄호(《 》), 논문명 및 칼럼명은 홑화살괄호(〈 〉)로 표기했다.
   외국어로 된 단행본 및 저널명은 이탤릭체로 표기했으며 서지사항을 기재했다.
   국내 번역본이 있는 경우 번역본 서지사항을 첨부했다.

2. 인명 표기는 외래어 표기법을 따르되 널리 사용되는 표현이 있는 경우 그에 따랐다. 필요한 경우 원어를 병기했다.

들어가며:

고기의 위대함, 기계의 경이로움

다른 행성의 생명체를 조사하는 외계인 탐험대장이 지구에서의 자료 수집을 마친 뒤 사령관에게 보고를 올린다.

사령관　“고기?”

탐험대장　“의심의 여지가 없습니다.”

사령관　“그건 불가능하지.
고깃덩이가 어떻게 기계를 만든다는 건가?
지금 자네는 나한테 지각이 있는 고깃덩이를 믿으라고 하는 것이네. 아마 부분적으로 고깃덩이인 거겠지.”

탐험대장　“아닙니다. 저희도 그렇게 생각했습니다.
머리가 고기로 되어 있는 것을 봤으니까요.
하지만 그들은 머리부터 발끝까지 다 고깃덩이입니다.”

사령관　“뇌가 없다고?”

탐험대장　“아, 멀쩡한 뇌가 있습니다.
그 뇌가 고기로 되어 있을 뿐이죠.”

사령관　“그러니까, 도대체 뭐가 생각을 한다는 건가?”

탐험대장　“이해를 못 하시는군요. 아시겠어요?
그 뇌가 생각을 한다니까요. 그 고깃덩이가요!”

사령관 "생각하는 고기라니!
자네 지금 나더러 생각하는 고기를 믿으라는 건가?"

탐험대장 "그렇죠, 생각하는 고기! 의식하는 고기! 꿈꾸는 고기!
고기면 다 된다니까요! 이제 그림이 좀 그려지세요?"

미국의 작가 테리 비슨Terry Bisson의 단편 〈그들은 고기로 되어 있습니다〉They're Made Out of Meat를 약간 손질한 이야기다.
이 이야기는 우리 머릿속에 있는 생각하고 의식하는 고깃덩이, 즉 뇌를 다시 생각하게 한다. 외계인 사령관은 지금 뇌라는 고깃덩이가 생각한다는 것을 상상조차 하지 못하고 있다. 어떻게 뇌에서 그 모든 것이 다 나온다는 말인가? 그것은 그야말로 한낱 고깃덩이에 불과하지 않은가? 꼭 그렇지는 않은 것 같다.
최신 신경과학은 뇌에 대한 기초적인 사실조차도 아직 완전히 규명하지 못했다. 한 신경과학자는 자신이 겪은 일을 다음과 같이 토로한 바 있다.[1] 그녀를 경악하게 한 영상은 29밀리미터 두께로 얇게 저민 생쥐의 뇌 절편들을 3차원 이미지로 합성하여 신경세포의 형태와 연결을 입체적으로 보여주는 영상이었는데, 눈앞에 펼쳐진 모습은 그녀의 상상을 초월했다.[2] 여태껏 수많은

1 송민령, 〈인간만의 영역〉, 경향신문, 2017.
https://m.khan.co.kr/opinion/column/article/201712112047025#c2b
(최종 접속일: 2022년 8월 30일)

2 이 동영상은 지금도 유튜브에서 볼 수 있다.
https://www.youtube.com/watch?v=8YM7-Od9Wr8(최종 접속일: 2022년 8월 30일)

시간을 들여 신경세포에 대해 공부하고 관련 논문을 읽었지만, 동영상으로 구현된 것은 이제까지 그녀가 본 것과는 달라도 너무나도 다른 세계였던 것이다. 신경세포가 너무 다양하고 심하게 뒤엉킨 나머지 각기 다른 신경세포를 표시하기 위한 색깔이 모자랄 정도였다. "수십 년을 살고도 나도 다 알지 못하는 내 속에는, 열 길 물속은 알아도 알 수 없는 한 길 사람 속에는 과연 그럴 만한 복잡함이 있었던 모양이다."[3] 그녀는 이런 복잡함에 질린 나머지 자신이 공부한 신경과학이라는 학문에 대해 거의 "배신감"에 가까운 감정을 느꼈다고 고백한다. 이처럼 뇌는 적어도 '한낱' 고깃덩이는 아닌 것이다. 또 다른 신경과학자는 뇌의 신비에 대해 다음과 같이 말한다.

> 인간의 고귀한 정신이, 그리고 내가 사랑하는 사람의 정체성이 1.4kg의 뇌에서 비롯된다는 사실이 인간의 존엄성을 훼손하는 것일까? 육체가 소멸되면 정신도 함께 사라진다고 생각하면, 우리는 도덕적으로 살 필요가 없는 것일까? 오히려 우리는 **정신이라는 위대한 속성을 탄생시킬 만큼 물질이 그 자체로 경이로운 존재**라는 사실을 깨달아야 한다. 물질은 정신이 위대한 만큼 더불어 위대하며, 이 우주는 물질을 통해 정신이라는

3 송민령, 앞의 기사.

'물질을 이해하는 토대'를 비로소 만들어 낸 것이다.[4]

물질의 경이로움은 뇌에서 멈추지 않는다. 앞에서 신경세포들의 구조에 질린 과학자는 이제 인공지능이 할 수 있는 일들을 보고 다시 한번 기묘한 기분에 휩싸인다. 2014년 IBM은 트루노스TrueNorth라는 신경모방칩neuromorphic chip을 개발하는데, 이 칩은 기존의 칩들보다 에너지 효율이 뛰어날 뿐만 아니라 기능적으로도 심층 학습deep learning을 더 잘 구현하여 길 찾기, 공간 탐색 등의 과제를 해낼 수 있었다.[5] 문제는 연구진이 트루노스 기반 인공지능을 로봇에 탑재했을 때 일어났다. 로봇이 이리저리 움직이면서 자신의 위치와 형태, 크기, 움직임을 파악하게 된 것이다. 자신의 신체를 환경과 구분하고 통제한다는 것, 이는 비록 조잡한 수준일지라도 그것이 **스스로를 자각**하기 시작했음을 의미한다. 인공지능에 기계로 된 몸을 입혀 주었더니 자아self가 싹을 틔운 것이다. 이 모든 사실을 음미하던 그녀는 급기야 인간의 고유성을 의심하기까지 한다. "인공지능에 대한 새로운 소식을 접할 때마다 '인간만의 영역'이 침해되는 게

4 정재승, 〈영혼의 존재를 93%가 믿는다, 당신은?〉, 한겨레, 2015, 강조 추가. https://www.hani.co.kr/arti/science/science_general/719455.html (최종 접속일: 2022년 8월 30일)

5 '뉴로모픽'은 뉴런(neuron)과 형태(morphic)의 합성어다. 그 명칭에서 알 수 있듯이, 뉴로모픽 칩은 실제 생물학적 뇌의 신경세포와 시냅스를 모사함으로써 비구조화 신호를 효율적으로 처리하고 결과적으로 방대한 양의 데이터를 높은 에너지 효율로 처리할 수 있다.

아니냐며 우려했지만, 어쩌면 '인간만의 영역' 따위는 처음부터 없었을지도 모르겠다."[6] 이쯤 되면 이렇게 생각하지 않을 수 없다. '호모 사피엔스 참 별거 없네!'

꿈꾸는 고기가 외계인을 경악하게 했다면 자각하는 기계는 명민한 신경과학자에게 인간에 대한 회의를 불러일으켰다. 이것이 바로 한낱 고깃덩이가, 한낱 기계 부스러기가 가진 힘이자 경이로움이다. 어쩌면 정말 처음부터 "물질은 그 자체로 경이로운 존재"였을지 모른다. 스피노자는《윤리학》에서 "사람들은 신체가 무엇을 할 수 있는지를 알지 못한다"고 한 바 있는데, 이제는 인간들은 물질이 무엇을 할 수 있는지를 알지 못한다고 말해야 하지 않을까? 물질에는 이미 그 자체로 인간이 따라잡기 힘든 심오함, 힘, 역량이 내재하고 있다고 말이다.

새삼스럽게 물질의 힘과 경이를 되새기다 보면, 물질이 가진 기묘한 특징을 발견할 수 있다. 물질은 한낱 무의미한 물질이 아니라 언제나 뭔가를 생각하게 하는 물질, 어떤 느낌을 불러일으키는 물질, 즉 어떤 '의미'를 지닌 물질로 존재한다. 외계인에게 뇌는 경악과 신비의 상징이다. 어떤 과학자들에게 뇌는 단순한 실험 대상이나 일거리에 지나지 않겠지만 다른 과학자들에겐 정신을 만들어 낼 정도로 위대한 것, 아직 기초적인 사실도 다 밝혀지지 않은 미지의 영역으로 받아들여진다. 누군가에게는 자각하는 로봇이 그저 하나의 흥미로운 현상

6 송민령, 앞의 기사.

이상이 아니겠지만 다른 누군가에게는 인간의 정체성에 대한 위협으로 받아들여질 수 있다. 또한 뇌는 유전자에 의해 기본적인 배선이 이루어지지만 나머지 세부 구조는 대부분 학습과 환경에 의해 배선되고 재배선된다. "뇌에 관한 한 본성이냐 양육이냐 같은 단순한 구분이 유혹적일 수는 있겠으나 사실과는 거리가 멀다. 우리는 '양육이 필요한 본성'을 지녔다. 우리의 유전자가 완성된 뇌를 만들어 내려면 적절한 물리적 환경과 사회적 환경, 곧 적소가 필요하다."[7] 뇌는 결정된 본성의 산물이 아니지만 그렇다고 자유로운 양육의 산물도 아니다. 반대로 그것은 언제나 다소간 본성의 산물이면서 다소간 양육의 산물이다. 꿈꾸는 고기는 자연산도 합성도 아니지만, 동시에 자연산이면서 합성이기도 한 것이다. 로봇의 몸은 인공적이지만, 그 능력은 스스로 획득하고 발달시킨 것이라는 점에서 자연적이라고 할 수 있다. 로봇의 자각 능력은 인간이 설계해서 심어 준 게 아니라 마치 비를 맞은 씨앗에서 싹이 자라듯이 기계로부터 싹튼 것이다. 자신을 알아차리는 로봇은 그저 인공적이지만은 않은 인공물, 자연물과 같은 방식으로 존재하는 인공물이라는 기묘한 지위를 가진다. 이처럼 놀라운 역량을 발휘하는 물질은 언제나 의미와 엮여

7 리사 펠드먼 배럿, 《이토록 뜻밖의 뇌과학: 뇌가 당신에 관해 말할 수 있는 7과 1/2의 진실》, 변지영 옮김, 더퀘스트, 2020, 98. 여기서 적소(niche)는 생물종의 생태적 지위(ecological status)를 말한다. 생물 집단을 성공적으로 유지하고 성장할 수 있는 자연적, 비자연적 조건들이다. 서식지, 먹이, 경쟁 등에 의해 결정된다. 인용된 부분에서는 뇌가 발달할 수 있는 환경이라는 의미로 쓰였다.

있으며 자연과 문화에 걸쳐 있다. 그것은 말하자면 경이로운 잡종 또는 끔찍한 혼종인 것이다.

물질로 만들어진 이 세계는 이러한 물질의 경이로운 힘과 혼종성으로 가득 차 있다고 해야 할 것이다. 최근 이렇게 양가적이고 복잡하며 혼종적인 물질의 능동성, 역량, 행위성에 주목하는 존재론이 활발하게 논의되고 있다. 그것이 바로 이 책에서 소개하고자 하는 **신유물론**new materialism이다.

이 책은 신유물론의 일반적인 특징과 주요 이론가들의 사상을 소개하고자 한다. 이를 위해 1장에서는 우선 신유물론 전반에 일관된 테마들을 개괄한다. 미리 말하지만 단일한 학파나 운동으로 취급될 수 있는 신유물론은 '없다'. 신유물론으로 불리는 이론들 사이에는 공통점보다는 차이가 훨씬 많으며, 주요 인물들 사이에서는 상호 비판과 차별화, 논쟁이 활발하게 이루어지고 있다. 상황이 이러하다면 그런 이질성과 차이에도 불구하고 그들을 신유물론이라고 부르는 것을 정당화해 주는 최소한의 일관된 주제 또는 테마를 검토해 보는 것이 최선일 것이다. 그러한 테마로 1장에서는 새로운 물질성new materiality을, 2장에서는 횡단성transversality을 제시한다. 이 두 주제를 일관된 테마로 재구성한 뒤, 몇 가지 새로운 개념들을 도입하여 그 주제들이 어떻게 확장될 수 있는지를 탐색해 볼 것이다. 그리고 이 테마들이 최근 들어 활발히 연구되고 있는 포스트휴머니즘posthumanism과 어떻게 관련되는지도 살펴볼 것이다. 3장부터는 다채로운 신유물론들이 본격적으로 소개된다. 이 책에서 다룰 이론가들은 마누엘 데란다Manuel DeLanda, 제인 베넷Jane Bennett, 로지 브라이도티 Rosi Braidotti, 캐런 바라드Karen Barad다. 이들의 핵심 주장과 주요 개념을 해설하면서 새로운 물질성과 횡단성이라는 주제가 그들에게서 어떻게 변주되고 있는지를 살펴볼 것이다. 그리고 각 장 사이마다 가상의 대화 형식으로 신유물론에 대한 여러 궁금증을 해소할 수 있는 노트를 삽입했다. 신유물론에 대한 보론으로 참조해 주면 좋겠다.

이 책의 목적은 신유물론이라는 흐름 그리고 그 안에 속한 이론들을 독자들이 활용할 수 있는 '도구 상자'로 제시하는 것이다. 따라서 이러한 목적에 맞게 글을 쓰고 자료를 활용해야 했다. 우선 신유물론과 관련된 이론적 배경이나 논쟁, 역사적인 내용은 최소로 줄이고자 했다. 그래서 항상 신유물론과 함께 언급되는 브뤼노 라투르Bruno Latour, 도나 해러웨이Donna Haraway, 질 들뢰즈Gilles Deleuze와 펠릭스 과타리Felix Guattari는 다루지 않았다. 이들은 분명히 신유물론의 선구자들이지만, 몇 권의 책을 써도 모자랄 정도로 방대하고 복잡한 그들의 사유를 파고드는 것은 신유물론을 도구 상자로서 제시하는 일과는 거리가 있다. 그래서 그들을 별도로 취급하기보다 주요 이론가들을 소개하는 각 장에서 필요한 정도로만 다루었다. 또한 한때 신유물론과 같이 묶여서 다루어졌던 그레이엄 하먼Graham Harman의 객체지향 존재론 Obejct-Oriented Ontology, OOO이나 퀑탱 메이야수Quentin Meillassoux의 사변적 유물론speculative materialism, 레비 브라이언트Levi Bryant의 기계지향 존재론machine-oriented ontology 등도 다루지 않았다.

이들 중 몇몇은 이미 신유물론과 대립한 지 오래고, 따라서 이들을 신유물론이라는 말로 뭉뚱그려서는 안 된다.[8] 마지막으로 신유물론에서 이끌어낼 수 있는 윤리적, 정치적 함축들, 실천철학적 측면들 또한 거의 다루지 못했다. 이에 대해서도 별도의 연구를 진행할 계획이다. 참조한 자료들은 국내에 번역된 문헌이나 온라인에서 쉽게 구할 수 있는 자료들로 국한했는데, 이는 이미 쉽게 구할 수 있는 자료들을 소화하는 것만으로도 신유물론의 주요 내용을 이해하고 활용하는 데 충분하다고 판단했기 때문이다. 종합적이고 본격적인 학술서를 기대한 이들에게는 이런 부분들이 부실해 보일 수도 있을 것이다. 자료가 부족하다고 느끼는 독자들은 국내에 번역된 문헌들의 참고문헌을 추적하는 방식으로 아쉬움을 달랠 수 있을 것이다.

많은 문헌을 참조하고 상세하게 맥락과 배경을 다루는 대신, 이 책에서는 내용을 구체적으로 드러낼 수 있는 사례와 설명에 집중했다. 개념과 이론을 도구로 활용하기 위해서는 무엇보다도 직관적인 이해가 중요하다고 판단했기 때문이다. 같은 이유로 직관을 자극할 필요가 있다고 생각될 때는 일상 언어적인 표현이나 비유들을 활용했다. 직관적인 이해를 통해 획득된 개념은 멈춘 생각을 달리게 하는 엔진과 같다. 이 책을 읽은 독자들이 새로운 직관을 뽑아 올릴 수 있기를, 그래서 독자들이

8 객체지향 존재론(○○○) 입장에서 이루어지는 신유물론과 ○○○의 대조와 비판은 그레이엄 하먼, 《비유물론》, 김효진 옮김, 갈무리, 2020, 3장 유물론과 비유물론을 참조하라.

이 책을 자신의 용도에 맞게 도구 상자로 활용할 수 있기를, 나아가 신유물론이라는 '개념 엔진'conceptual engine을 탑재할 수 있기를 기원한다.

1부

물질—테마들

1장 되살아난 물질

신유물론이라는 말: 문제와 유래

신유물론이라는 명칭은 오해의 소지가 다분하다. 그것은 마치 신유물론이라는 하나의 통일된 학파나 사조가 있는 것 같은 인상을 주지만, 당연하게도 그렇지 않다. 신유물론이라는 말은 최근에 등장한 다채로운 유물론의 흐름들을 싸잡아 이르는 우산 용어umbrella term다.[1] 게다가 신유물론이라는 말을 들으면 마치 유물론이 이제껏 낡은 상태로 존속해 오다가 최근에 새로워졌다고

1 최근 객체지향 존재론이나 사변적 유물론까지 무분별하게 신유물론이라고 부르는 경향이 있다. 그러나 "신유물론은 매우 다양한 개념들과 맥락을 가진, 이전에는 전혀 유물론(적)이라고 부르지 않았던 것들, 예컨대 정동(affect)이나 배치(agencement), 나아가 수행성 같은 개념들을 포함한 여러 형태의 이질적인 사유 방식이기 때문에 그렇게 통칭하는 것은 어렵다. 신유물론이라고 칭해지는 다양한 것들은 그 자체로 이질적이고 복합적인 개념과 사유 방식의 관계(망) 속에 포함된다는 점 외에 공통적인 것을 추출해내는 것이 거의 불가능하다. 굳이 공통적인 어떤 요소를 찾아낸다고 한다면, 그것은 아마도 비인간 혹은 탈인간적 경향, 달리 말해 인간중심적, 인간주의적 사유로부터의 단절이라고 할 수 있다. 따라서 신유물론을 싸잡아 비판한다는 것도 불가능하거나 무용하다." 김상민, 〈객체의 미학: 즉물성의 극복과 새로운 연합을 향하여〉, 《문화과학》, 107호, 2021, 169-170. 김상민은 신유물론을 싸잡아 비판하는 것이 무의미함을 적절하게 지적하지만, 탈인간중심주의 외에 물질에 대한 새로운 존재론이 다양한 신유물론들을 일관하고 있다는 사실을 간과하고 있다. 그 새로운 존재론에 비하면 탈인간중심주의나 포스트휴머니즘은 상대적으로 부차적이다. 신유물론을 관통하는 존재론 그리고 그 존재론과 포스트휴머니즘의 관계에 대해서는 이후의 절들을 참조하라.

생각하기 쉽지만, 이 또한 사실이 아니다. 유물론은 고대에서부터 지금까지 많은 분화와 수정, 발전을 거쳤다. 신유물론이라는 말은 이런 역사를 드러내지 못할 뿐 아니라 마치 이제까지의 유물론은 구유물론old materialism이라는 오해를 부추긴다는 점에서 그리 좋은 이름이라고는 할 수 없다. 차라리 '다시 새로워진 유물론'renewed materialism이 더 나을지도 모른다.[2] 어쨌든 신유물론이라는 말은 조심해서 써야 할 필요가 있다. 포스트모더니즘post-modernism이라는 말이 유행하면서 결코 하나로 묶일 수 없는 다양한 사상가들이 뭉뚱그려진 채 터무니없는 오해를 받게 되었듯이, 조심하지 않는다면 신유물론이라는 이름 또한 그와 비슷한 결과를 초래할 수 있기 때문이다.

신유물론이라는 말은 언제부터 쓰이기 시작했을까? 통상 신유물론과 관련된 표현은 로지 브라이도티와 마누엘 데란다에 의해 1990년대 중후반부터 등장한 것으로 알려져 있다. 용어를 제안하는 시점에서 브라이도티와 데란다가 특별히 서로를 참조한 것 같지는 않으며, 각자가 독립적으로 용어를 만들어 낸 것으로 보인다. 1994년에 발간된 브라이도티의 《유목적 주체》Nomadic Subjects에서 "유물론의 새로운 형태"a new form of materialism라는

2 실제로 클레어 콜브룩(Clair Colebrook)은 유물론이 역사적으로 물질 개념의 혁신을 통해 발전해 왔다는 점을 지적하면서 모든 유물론은 '신'유물론이라고 할 수 있다고 말한다. (Clair Colebrook, "Materiality" in Ann Garry, Serene J. Khader, and Alison Stone (eds.), *The Routledge Companian to Feminist Philosophy*, London and New York: Routledge, 2017, 198.)

표현을 발견할 수 있다.[3] 그리고 데란다는 1996년 짧은 에세이를 통해 신유물론을 본격적으로 개념화한다.

> 이 매우 특유한 추상 기계라는 개념은… 사실상 **유물론 철학의 새로운 형태**를 가리키게 되는데, 이 철학에서는 여러 가지 자기-조직화하는 과정들을 통과한 원초적인 물질 에너지와 형태발생적인 강도적 힘이 우리를 둘러싼 모든 구조들을 생성시킨다. 그뿐만 아니라 그 생성된 구조들이 최초의 실재성이기를 그치면 물질-에너지 흐름은 이제 특별한 위상을 획득한다.[4]

이 에세이에서 브라이도티의 표현과 유사한 "유물론 철학의 새로운 형태"a new form of materialist philosophy라는 용어를 찾아볼 수 있다. 인용된 에세이의 부제 또한 "신유물론적 해석"neo-materialist interpretation이다. 이 "새로운 유물론"neo-materialism이라는 표현은

3 Rosi Braidotti, *Nomadic Subjects: Embodiment and Sexual Difference in Contemporary Feminist Theory*, New York: Columbia University Press, 1994, 3, 199 참조. 238쪽에서는 "'몸 페미니즘'의 새로운 형태(a new form of "corporeal feminism")"라는 구절도 보인다. 국역본은 로지 브라이도티, 《유목적 주체: 우리 시대 페미니즘 이론에서 체현과 성차의 문제》, 박미선 옮김, 여성문화이론연구소, 2004.

4 Manuel DeLanda, "The Geology of Morals: A Neo-materialist Interpretation" (1996), http://www.t0.or.at/delanda/geology.htm 강조 추가(최종 접속일: 2022년 8월 30일). 릭 돌피언, 이리스 반 데어 튠, 《신유물론: 인터뷰와 지도제작》, 박준영 옮김, 교유서가, 2021, 137의 번역을 그대로 썼다.

이후 2002년에 출간된 브라이도티의 주저《변신》Metamorphosis 곳곳에서 등장한다.[5] 브라이도티는 이 책에서 당대 페미니즘이 신체와 맺는 관계를 다루면서 일군의 페미니스트들의 견해를 "새로운 유물론"이라고 부른 바 있다. 그러나 신유물론이라는 표현의 최초의 출전을 찾자면 아무래도 들뢰즈에게까지 거슬러 올라가야 할 것이다. 들뢰즈는 이미 1970년대에《스피노자와 표현 문제》Spinoza et la probleme de l'expression의 결론부에서 표현 expression 개념의 중요성을 말하면서, 이 개념으로부터 새로운 "유물론"이 만들어질 가능성을 타진한 바 있다.[6] 신유물론이 활발히 연구되고 있는 현재의 시점에서 회고해 보면 들뢰즈의

5 Rosi Braidotti, *Metamorphoses: Towards a Materialist Theory of Becoming*, Cambridge: Polity Press, 2002, 22, 34-35, 145, 228, 233 참조. 국역본은 로지 브라이도티,《변신: 되기의 유물론을 향해》, 김은주 옮김, 꿈꾼문고, 2020.

6 해당 부분은 다음과 같다. "스피노자와 라이프니츠, 그리고 표현 개념이 그렇다. 이 개념은 두 저자에 의해 두 가지 매우 다른 관점에서 주도된 반-데카르트적 반발의 힘을 떠맡는다. 그것은 자연과 그 역량의 재발견, 논리학과 존재론의 재창조를, 즉 새로운 '유물론'과 새로운 '형식주의'를 함축한다." 질 들뢰즈,《스피노자와 표현 문제》, 현영종, 권순모 옮김, 그린비, 2019, 397. 이 책에서 들뢰즈는 스피노자에 대한 해석을 통해 고유한 표현 개념을 제시한다. 거칠게 요약하자면, 들뢰즈의 표현 개념은 재현(representation)과도, 예술의 표현주의(expressionism)에서 말하는 표현과도 구별된다. 재현과 표현주의적 표현은 모두 원래부터 존재하던 동일한 것을 전제한다. 재현이 원래부터 주어져 있던 동일한 것을 다시(再) 드러내는(現) 것이라면, 표현주의에서 말하는 표현은 원래부터 어떤 것 속에 존재하던 동일한 것을 겉으로(表) 드러내는(現) 것이라고 할 수 있다. 그런데 들뢰즈가 말하는 표현은 그렇게 원래부터 존재하던 동일한 것과는 상관이 없다. 그것은 오히려 이제까지 없던 다른 것의 생성에 해당한다. 다시 말해 재현이나 표현주의의 표현이 동일성을 전제한다면 들뢰즈의 표현은 '차이 그 자체'를 전제한다.

조심스러웠던 예언이 실현되었다고도 볼 수 있을 것이다.[7]

용어의 출전보다 중요한 것은 개념적 내용이다. 신유물론은 왜 '신'유물론일까? 다시 말해 신유물론에서 새로운 것은 무엇인가? 어떤 사상의 핵심을 몇 가지로 정리하는 일에는 언제나 성급한 일반화와 단순화의 위험이 따른다. 그럼에도 불구하고 다양한 신유물론을 가로지르는 최소한의 일관된 테마들을 정리해 보는 것은 신유물론을 이해하는 데 도움이 될 것이다.[8] 이를 위해

7 실제로 들뢰즈 그리고 과타리는 신유물론에서 가장 중요하게 참조되는 사상가라고 할 수 있다. 돌피언(Rick Dolphijn)과 튠(Iris van der Tuin)은 신유물론에 대한 들뢰즈의 영향력을 다음과 같이 정리하고 있다. "특히 들뢰즈는 초기 저작에서, 그가 제안하는 유물론 철학이란 새로운 것이 아니며, 기존에 언급된 풍성하지만 소수적인 전통에 속한다는 점을 보여주려고 했다. 스피노자, 니체, 베르그송과 같은 철학자뿐 아니라, 프루스트, 카프카와 같은 작가들에 관해 글을 쓰면서, 들뢰즈는 이들 유물론적 작가들, 즉 사유의 역사에 의해 오랫동안 거부되거나 주변화된 인물들에게 관심을 기울임으로써 사유의 역사를 재기술하고자 한 것이다. 그의 경력 초반에 들뢰즈는 스피노자와 같은 급진적 사상가들을 재독해하는 데 중점을 두었으며, 그들이 실제로 철학에 사유의 새로운 방식을—즉, 신체의 철학을 어떻게 제공하는지 보여주려고 했다. 그리고 바로 이렇게 여러 신체의 철학들을 횡단함으로써, 들뢰즈의 다른 저작(가끔 과타리와 함께 작업한)들은 정말로 유물론적/일원론적 사유를 최대한으로 탐사하기 시작했다. 이런 연구로 들뢰즈는 오늘날 브라이도티와 데란다 같은 신유물론 학자들이 뿌리를 내리고 있는 풍성한 기반을 창조했다."(릭 돌피언, 이리스 반 데어 튠, 앞의 책, 136.)

8 닉 폭스(Nick Fox)와 팜 알드레드(Pam Alldred)는 신유물론의 주요 주장을 다음과 같이 요약한다. 1) 물질 세계와 그 내용은 고정되거나 안정된 실체가 아니라 관계적이고 불균등하며 항상 유동적이다. 2) '자연'과 '문화'는 서로 분리된 영역이 아니라 물질성의 연속체의 부분들로 취급되어야 한다. 3) '행위성'(agency)의 능력, 즉 사회 세계를 생산하는 행위들은 인간 행위자를 넘어 비인간과 무생물에까지 확장된다. (Nick J. Fox and Pam Alldred, *Sociology and the New Materialism: Theory, Research, Action,* SAGE Publications, 2017, 4.)

여기서는 이전의 유물론 사상들과 신유물론이 어떤 점에서 차별화되는지 그리고 근래 유물론의 전개 양상과 신유물론이 어떻게 다른지를 중심으로 신유물론의 새로움을 살펴보고자 한다.

물질을 창조적으로 재활성화하기: 하게 되는 물질에서 되게 하는 물질로[9]

크고 작은 차이에도 불구하고, 고대와 근대의 유물론들은 물질에 대한 존재론적 가정을 공유하고 있는 것으로 보인다. 그것은 **물질의 내재적인 힘**power, **역량**capacity, **능력**ability, **행위성** agency**이 없이도 물질적 작용과 변화가 일어날 수 있다**는 가정이다. 이러한 가정에 따르면 물질의 작용과 변화는 물질 외부에서 가해지는 영향이나 요인들을 통해서 충분하고 완전하게 결정된다. 물질이 자신의 힘을 스스로 발휘하는 게 아니라 남들에게 '휩쓸려서' 작용하고 '떠밀려서' 변하는 것이다. 이렇게 휩쓸리고 떠밀리기만 하기 때문에 물질은 자신의 힘으로 새로운 것을 만들어 내지도 못한다. 결국 물질은 외부의 다른 것에 의해서만 작용하고 변한다는 점에서 **수동적**이며, 스스로 발휘할 힘과 역량,

9 이 장의 전반적인 내용과 구성은 다음의 논문을 따랐다. Christopher Gamble, Joshua Hanan, Thomas Nail, "What is New Materialism?" *Angelaki,* vol. 24, no. 6, 2019, 111-134. 특히 신유물론을 고대와 근대의 유물론과 대조하는 방식은 이 논문에 빚지고 있다.

행위성으로 옮겨지는 'agency'에는 네 가지 의미가 있다. 그것은 현실적으로 이루어지는 행위를 의미할 수 있고 그렇게 행위할 수 있는 잠재적인 능력, 역량, 힘을 의미할 수 있으며 그런 행위나 능력의 주체가 됨을 의미할 수도 있다. 마지막으로 '마케팅 에이전시' 등의 표현에서 볼 수 있듯이 'agency'에는 행위를 대신해 주는 대리자 또는 대행자라는 뜻이 있다. 첫째 의미를 살리자면 'agency'를 '행위'로 옮길 수 있고, 둘째 의미를 살리자면 '행위 능력'으로 옮기는 게 적절할 것이며, 셋째 의미를 따르자면 '행위 주체성'으로 옮길 수 있을 것이다. 마지막 의미의 'agency'는 '대행', '대리자', '대리 행위' 또는 '행위 대리' 등으로 옮길 수 있다. 이 표현들은 실제로 쓰이고 있는 역어들이다. 행위성은 신유물론에서 핵심적인 개념이고 그래서 행위성이 말해질 때는 정확히 어떤 의미로 쓰이고 있는지를 면밀하게 파악해야 한다. 이 책에서 '행위성'은 주로 잠재적인 행위 능력이나 역량이라는 뜻으로 쓰이지만, 맥락에 따라서는 실제 행위나 행위 주체성을 의미하기도 한다.

능력을 결여하고 있다는 점에서 **무력**하고, 자신만의 힘과 역량을 발휘하여 새로운 것을 만들어 내지 못한다는 점에서 **창조적이지 않다.** 이런 물질의 특징을 처음으로 찾아볼 수 있는 것은 고대 원자론인데, 여기서는 가장 널리 알려진 데모크리토스와 에피쿠로스의 원자론을 살펴보는 것으로 충분할 것이다.[10]

데모크리토스의 원자는 수동적이고, 무력하며, 창조성이 결여된 물질의 특성을 잘 드러내고 있다. 데모크리토스에 따르면 우주는 원자들의 소용돌이 속에서 결정론적인 방식으로 생성된다. 각양각색의 모양과 크기를 가진 무한수의 원자들이 허공 속에서

10 고대 유물론에 대한 정리와 해설은 다음 책을 참조하라. 장 살렘, 《고대 유물론: 쾌락의 유물론》, 양창렬 옮김, 난장, 2009.

서로 충돌하고 결합하면서 만물이 만들어지는 것이다. 데모크리토스의 우주는 마치 레고와 같다.[11] 모양과 크기가 다른 무한히 많은 레고 블록들이 서로 부딪히다가 모양과 결이 맞아떨어지면 서로 결합하여 온갖 사물들을 만들어 내는 것이다. 중요한 사실은 그 레고 블록들이 언제나, 늘 운동하고 있다는 것, 그리고 그들이 어떻게 움직이며 무엇을 만들어 내는지는 모양과 크기라는 고정된 속성들과 다른 블록과의 기계적 충돌에 의해서 완전히 결정된다는 것이다. 원자들에 내재한 힘, 능력, 행위성 같은 것 없이도 원자들의 속도와 경로가 다 정해지는 것이다. 원자들은 사물의 수동적인 재료가 되어 줄 뿐 스스로는 아무 것도 만들지 못한다. 비유하자면, 데모크리토스의 우주론은 통 속에 레고 블록을 잔뜩 넣어 놓고 마구 흔들어 대면 그 결과로 온갖 사물들이 얻어진다는 것과 비슷하다.[12] 사물들의 구성 성분이 된다는 것을 제외하면, 여기서 레고 블록들이 한 일이라고는 아무것도 없다. 설사 레고 블록들이 결합되어 스마트폰이 만들어진다 한들 그것은 레고 블록들에 의해 창조된 것이 아니다. "원자들은 그들 자신이 생산하는 바에 대하여 어떤 창조적 행위성도 발휘하지 못하는데 왜냐하면 그들의 모양과 크기는 영원불변하며 그들의 즉각적 속도는 오직 가장 가까운 시점의 충돌에 의해서만 결정되기

11 레고의 비유는 살렘의 비유에서 착안한 것이다. 장 살렘, 앞의 책, 228.

12 실제로 데모크리토스는 우주의 발생을 체의 운동을 통해 비슷한 종류의 씨앗들이 걸러지는 현상 또는 파도의 운동에 의해 자갈들이 모양과 크기에 따라 저절로 분류되는 현상에 빗댄다. 장 살렘, 앞의 책, 34-35.

때문이다."[13] 원자들은 자신들이 운동하는 방식과 생산하는 사물을 스스로 결정하지 못하며 그럴 능력도 없다. 그들은 수동적이고, 무력하며, 아무것도 창조하지 못한다.

통상적으로 에피쿠로스는 데모크리토스의 우주론에 우발적인 각운동, 즉 클리나멘clinamen을 추가함으로써 데모크리토스의 결정론을 탈피한 것으로 여겨진다. 그러나 의외로 둘의 차이는 그리 크지 않을 수 있다. 에피쿠로스의 원자들은 우발적으로 방향을 틀면서 결정된 운동 경로를 벗어나지만 그 운동은 원자들 바깥에서 들이닥치듯이 주어질 뿐, 원자들 자체가 가진 역량이나 행위성이 능동적으로 발휘된 것으로 보기 어렵다. 가령 흔들리는 통 속의 레고 블록들이 서로 충돌하는 와중에 가끔씩 아무 이유 없이 삐딱선을 탄다고 하자. 그렇다고 해서 레고 블록들이 행위성을 가진다고 할 수 있을까? 삐딱선을 타는 운동은 순전히 우발적으로 일어나며 레고 블록들은 그런 우발적 운동을 '겪을' 뿐이다. 레고 블록들이 어떻게 운동하고 결합하는지는 우연에 의해 좌우될 뿐이고 그렇다면 상황은 기본적으로 데모크리토스와 다르지 않다. 에피쿠로스에게서 원자들의 운동은 기계적 충돌과 순전한 우연의 산물일 뿐 원자들 자체의 힘, 능력, 역량의 산물이 아니다. 데모크리토스의 원자들이 다른 원자들에게 떠밀리거나 휩쓸리기만 한다면, 에피쿠로스의 원자들은 우연에 떠밀리고

13 Christopher Gamble, Joshua Hanan, Thomas Nail, "What is New Materialism?", 114.

휩쓸릴 따름이다. 그들 또한 다른 것에 의해서만 작용하는 셈이며 스스로 작용하지도, 뭔가를 만들어 내지도 못하는 것이다.

근대의 유물론에서도 이런 상황은 크게 달라지지 않는다. 근대의 입자론corpuscularianism에서 물질의 운동은 물질에게 부여된 모종의 힘force이 발휘된 효과로 이해된다.[14] 물질의 운동은 그 물질의 바깥에서 가해지는 어떤 힘에 의해서 결정된다는 것이다. 이 힘은 근대의 자연학 속에서 임페투스impetus, 코나투스conatus, 의도endeavor 등 다양한 형태로 변주되어 왔다.[15] 문제는 그 힘의 유래origin 또는 출처source가 불분명하다는 것이다. 그 정체 모를 힘은 언제 어디서 유래한 것일까? 우주를 하나의 거대한 시계라고 한다면, 그 시계는 애당초 무슨 힘으로 움직일 수 있었을까? 일견 그 최초의 힘은 물질 바깥에서 유래해야 할 것 같고, 그래서 종종 신이 물질에 부여된 힘의 궁극적 출처로 등장하기도 한다. 동일한 문제가 자연법칙laws of nature에 대해서도 반복된다. 물질이 자연법칙에 따라 운동한다는 설명은 상식적이다. 그런데 물질을 규제하는 그 법칙은 애당초 어떻게 이 세계에 '입법'된 것일까?

14 입자론은 모든 물질과 사물들이 눈에 보이지 않는 미시적인 입자들로 구성되며 물질 현상들을 그런 입자들의 운동으로 설명할 수 있다는 사상이다. 기본적인 생각은 고대의 원자론과 크게 다르지 않다.

15 예컨대 프랜시스 베이컨은 모종의 추진력으로 이해되는 임페투스의 존재를 받아들였고 데카르트 또한 인간과 동물의 신체를 철저히 기계로 묘사하면서 그 기계의 부분들을 서로 맞물려 돌아가게 만드는 힘을 말한다. 토머스 홉스 역시 데카르트 자연학의 영향을 받아 운동을 통제하는 작용인, 즉 코나투스 또는 의도, 욕망(appetitus), 경향(tendentia)을 받아들인 바 있다.

그것은 땅에서 솟은 것인가 아니면 하늘에서 떨어진 것인가? 힘이나 법칙을 물질에 부과되는 별개의 존재로 도입하는 한, 이런 문제들을 해결하기는 힘들 것 같다. 이처럼 "근대인들에게 물질은 스스로 움직이는 게 아니라 다른 것에 의해, 즉 힘에 의해 움직여지는 것이었다."[16] 물질은 자체적인 힘과 능력을 결여한 채 힘에 떠밀리고 법칙에 종속될 뿐인 무능한 존재였던 것이다.

신유물론은 바로 그러한 물질 이해를 넘어선다. 신유물론으로 분류되는 이론들은 다양한 방식으로 물질의 내재적인 힘, 역량, 능력, 행위성을 받아들인다. 물질의 작용과 변화는 물질 외부에서 주어지는 영향이나 요인만으로 결정되지 않으며, 물질이 자신의 능력과 역량을 능동적으로 발휘함으로써 일어나는 것이다. 물질은 무력하게 남들에게 휩쓸리거나 떠밀리기만 하는 게 아니라 스스로 작용하고 알아서 변하며, 자신의 힘을 발휘하여 새로운 것이 만들어지는 데 적극적으로 기여한다. 이렇게 이해된 물질은 자신이 가진 힘과 능력, 역량과 행위성을 스스로 발휘하여 작용하고 변한다는 점에서 **능동적**이고, 그런 힘과 역량 등을 갖고 있다는 점에서 **활기차며**, 그들을 능동적으로 발휘하여 새로운 것을 만들어 낸다는 점에서 **창조적**이다.

이러한 물질 이해는 양자물리학, 분자생물학, 복잡계 과학을 비롯한 현대 과학의 성과에 기반을 두고 있다. 따라서 신유물론이

16 Christopher Gamble, Joshua Hanan, Thomas Nail, "What is New Materialism?", 115.

말하는 새로운 물질성의 전모를 파악하기 위해서는 현대 과학의 물질 이해를 면밀하게 검토해야 할 것이다.[17] 그러나 여기서는 새로운 물질성을 직관적으로 예시하기 위한 사례로 H_2O 분자들의 작용과 변화를 살펴보고자 한다. 우선 확실한 것은, 현실의 H_2O 분자들이 언제나 다소간 **제멋대로** 움직이고 있다는 것이다. H_2O 분자들은 세 가지 상태, 즉 기체, 액체, 고체 상태로만 존재한다. 그런데 기체나 액체 상태에서 H_2O 분자들은 열운동을 하며 고체 상태의 H_2O 분자들도 완전히 정지해 있진 않다. 물론 상태에 따라 운동의 종류와 자유도는 다르다. 기체와 액체 상태에서 H_2O 분자들은 병진운동과 회전운동을 하는 반면 고체 상태에서는 오직 진동운동만 한다. 운동의 자유도는 기체 상태에서 가장 크고 고체 상태에서 가장 낮다. 기체에서 고체로 갈수록 H_2O 분자 간 인력이 강해져서 자유도를 더 크게 제약하기 때문이다. 운동의 종류와 자유도는 다르지만, H_2O 분자들은 언제나 다소간 자유롭게 움직이고 있는 것이다.

H_2O 분자들은 어떻게 그렇게 항상 제멋대로 움직일 수 있는 것일까? 그들은 다른 게 아니라 그들 자신의 힘, 능력 또는 행위성을 스스로 발휘함으로써 그렇게 움직인다. H_2O 분자들이 보여주는 제멋대로의 움직임을 데모크리토스가 말하듯이 외부와의 기계적인 충돌에 의해 일어난다고 할 수는

17 이에 대한 개괄적인 소개로는 Diana Coole and Samantha Frost, *New Materialisms: Ontology, Agency, and Politics*, Duke University Press, Durham & London, 2010,) 7-15를 보라.

없다. 왜냐하면 그들 사이에서 기계적 충돌이 잘 일어나지 않기 때문이다.[18] 그렇다고 그러한 운동이 클리나멘과 같은 우발적인 각운동에 의해 일어난다고 보기도 힘들다. 그렇게 말하는 것은 H_2O 분자들의 운동이 끊임없이 일어나는 우연에 의해 일어난다고 말하는 것이나 다름없기 때문이다. 또한 H_2O 분자들의 운동이 외부로부터 어떤 힘을 받아서 일어난다고 하기도 어려운데, 왜냐하면 그들은 외부로부터 힘을 받은 게 아니라 오히려 서로에게 힘을 쓰고 있기 때문이다. H_2O 분자들의 운동은 분자 간 인력과 척력에 의해 일어나는데, 이 힘들은 결국 분자 내부의 이온들 사이에서 생성되는 전자기력이다. H_2O 분자들이 서로를 밀고 당기는 것은 어떤 힘이 분자들의 외부로부터 '가해지기' 때문이 아니라 자신들의 내부로부터 만들어진 힘을 서로에게 '발휘하고' 있기 때문이다. 물론 이 힘의 크기와 방향은 분자 간 힘에 관한 법칙을 따를 것이다. 그러나 그렇게 법칙에 맞게 힘을 생성하고 발휘하는 것은 어디까지나 H_2O 분자들이다. 분자 간 힘에 관한 법칙이건 전자기 상호작용에 관한 법칙이건, 그 법칙을 따르는 분자들의 힘은 법칙이 아니라 분자들의 내부로부터 생성된다. 그 힘을 실제로 발휘하는 것도 법칙이 아니라 분자들

18 만약 분자들 사이의 기계적 충돌에 의해서만 H_2O 분자들이 제멋대로 움직인다면 어마어마한 충돌이 일어나야 할 것이고 그 무수한 충돌에 의해 열이 발생할 것이다. 이는 외부로부터의 열에너지의 유입 없이 가만히 놔둬도 H_2O 분자들의 온도가 저절로 올라간다는 말이다. 그렇다면 물을 가만히 놔둬도 저절로 뜨거워져야 하겠지만, 당연히 이런 일은 일어나지 않는다.

자신이다. 말하자면 분자들은 법칙에 따라 힘을 생성하고 발휘하는 능력, 법칙을 '따라 주는' 능력을 스스로 발휘하고 있는 셈이다. H_2O 분자들의 운동이 외부와의 기계적 충돌에 의해서도, 우발적 각운동에 의해서도, 외부에서 주어진 힘에 의해서도 일어날 수 없다면, 그것은 H_2O 분자들이 가진 자체적인 능력에 의해 일어날 수밖에 없을 것이다.[19] 법칙만을 강조하는 것은 실제로 그 법칙을 따라 작용하는 물질과 그 힘의 중요성을 은폐하는 경향이 있다.[20] 그 힘은 근대의 유물론자들이 믿었던 것처럼 H_2O 분자들 바깥의 누군가가 집어넣거나 심어 준 것일 수 없다. 그것은 말하자면 H_2O 분자가 생성되면서, 즉 수소 원자 두 개와 산소 원자 한 개가 공유결합을 형성하면서 출현하는 힘이어야 할 것이다. 이런 의미에서 H_2O 분자들은 제멋대로 움직일 수 있는 힘을 '타고나며'

19 이런 논리에 따르면 법칙이 어떤 초월적 존재에 의해 물질 외부로부터 부과되었기 때문이 아니라 오히려 물질이 그 법칙에 맞게 힘을 발휘하기 때문에 성립한다고 생각할 수 있다. 이럴 경우 법칙이 애당초 어떻게 이 세계에 '입법'되었는지를 물질 이외의 다른 존재에 호소하지 않고 설명할 수 있게 된다. 이는 법칙의 기원과 관련된 흥미로운 형이상학적 쟁점이다.

20 법칙은 물질의 작용과 변화가 '왜 산출되는지'에 대한 문제를 은폐하는 경향이 있다. 데란다의 다음과 같은 서술을 참조하라. "종들을 개별적인 존재들로 보지 않고 일반적인 범주로 볼 때, 이러한 개체들을 산출하는 생식적 또는 유전적인 과정은 무시되는 경향이 있다. 마찬가지로, 법칙들을 일반적인 진리들로 보는 관점은 역사적으로 볼 때, 이러한 법칙들에 의해 지배되는 물리적 과정들에 연계되는 **생산적 또는 유전적인 연관 관계**를 제거하려는 경향이 있다. 더 세부적으로 들어가서, 법칙들을 바라보는 본질주의자의 관점은 **인과적 연관 관계**의 생산적인 힘, 즉 실제로는 원인으로 작용하는 사건들이 그 효과들을 산출한다는 사실을 감춰 왔다." 마누엘 데란다, 《강도의 과학과 잠재성의 철학》, 이정우, 김영범 옮김, 그린비, 2009, 244.

그 타고난 힘을 스스로 발휘하고 있는 것이다. 액체 상태에 있는 H_2O 분자들은 제멋대로 병진운동이나 회전운동을 한다. 이때 수많은 보이지 않는 손들이 있어서 H_2O 분자들을 마구잡이로 쥐고 흔들어 대거나 돌려 대고 있는 것인가? 그렇지 않다. 그들은 아무도 가르쳐주지 않았는데 자기들끼리 알아서 스스로 병진하고 회전한다. H_2O 분자들은 말 그대로 자강불식自强不息, 쉬지 않고 스스로 힘써 행하고 있다.

H₂O 분자들은 스스로 움직일 뿐만 아니라 스스로 힘 조절을 하기도 한다. 다른 조건들이 전부 일정하다고 할 때, H_2O 분자들의 운동은 온도에 따라 변한다. 상온에서 액체 상태의 H_2O 분자들의 온도가 어는점 이하로 떨어지면 고체 상태로의 변화가 일어나며 반대로 끓는점 이상으로 온도가 올라가면 기체 상태로의 변화가 일어난다. 열에너지가 유출되면 H_2O 분자들은 더 '얌전하게' 운동하며 그들이 분자 간 인력을 벗어날 수 없게 되면 물은 응고한다. 반대로 열에너지가 유입될 경우 H_2O 분자들은 더 제멋대로 운동하고 그들이 분자 간 인력을 완전히 벗어나게 되면 물은 기화한다. 이런 상태 변화는 어떻게 일어나는가? 물론 그 변화는 열에너지의 유입과 유출에 따라 일어날 것이다. 하지만 왜 열에너지의 유입과 유출에 따라 운동의 자유도가 증가하고 감소하는지 그리고 왜 하필 그런 특정한 구조를 형성하는지는 아직 설명되지 않았다. 아무도 열에너지를 흡수한 만큼 더 제멋대로 움직이도록, 열에너지를 방출한 만큼 더 얌전하게 움직이도록 H_2O 분자들을 조종하지 않았다. 누군가가 물을 두고

어는점에서 얼라고, 끓는점에서 끓으라고 비밀리에 지령을 내린 적도 없다. 이처럼 H_2O 분자들의 상태 변화에는 어떤 외부의 영향도 개입하지 않으므로, 결국 그 변화는 H_2O 분자들 자신에 의해 일어났다고 할 수밖에 없다. 분자들은 제멋대로 운동하는 힘을 스스로 조절함으로써 자신의 상태를 바꾸는 것이다. 자신의 힘을 조절하는 이런 능력은 외부에서 집어넣은 게 아니라 H_2O 분자들이 타고난 것으로 봐야 한다. 그들은 말하자면 조건이 갖춰지는 순간 움직이는 방식을 바꾸도록 만반의 태세를 갖추고 있다. H_2O 분자들은 제멋대로 움직이는 힘을 스스로 발휘할 뿐 아니라 때가 되면 그 힘을 다르게 쓸 준비도 하고 있는 것이다.

H_2O 분자들이 언제나 다소간 제멋대로 운동하고 있다는 사실을 생각한다면, 그들이 발휘하고 있는 힘을 일종의 생명력, 즉 활력 또는 생기vitality로 볼 수 있을 것이다. H_2O 분자들의 운동을 시각화한 동영상 자료를 보면, H_2O 분자들을 나타내는 점들이 마치 정신없이 헤엄치고 방황하는 미생물들처럼 보인다. 그들은 실로 생기가 넘치는 움직임을 보여주고 있는 것이다. 물론 이러한 생기는 과거의 생기론자들이 유기적 생명에만 배타적으로 부여했던 비물질적인 생기일 수 없다. 그것은 H_2O 분자들에까지 내재하고 있을 정도로 보편적인 힘이어야 할 것이다. 실제로 수면 위를 떠다니는 꽃가루의 브라운 운동Brownian motion이 처음 발견되었을 때, 이 운동이 너무나 불규칙적이고 자유로운 나머지 일부 과학자들은 그것을 꽃가루가 가진 신비로운 생기의 발현으로 생각하기도 했다. 그러나 꽃가루의 브라운 운동을 일으키는 것은

브라운 운동은 기체나 액체 등의 유체 내부에서 미세한 입자들이 불규칙적으로 운동하는 현상을 말한다. 19세기에 식물학자 로버트 브라운(Robert Brown)이 물의 표면 위를 떠다니는 꽃가루 입자들이 표류하는 것을 보고 발견한 것으로 알려져 있다. 많은 과학자들이 이 운동을 설명하려 했는데 그들 중에는 아인슈타인(Albert Einstein)도 있었다. 브라운 운동에 대한 아인슈타인의 이론은 이후 실험적으로 증명된다.

꽃가루의 생기가 아니라 H_2O 분자들의 운동이다. 미립자들이 기체나 유체 속에서 브라운 운동을 하는 것은 그들이 그들보다 훨씬 작은 어마어마한 수의 분자들과 제멋대로 충돌하기 때문이다. 미립자의 브라운 운동이 제아무리 불규칙적이고 자유롭다 해도 그것은 분자들의 운동보다는 훨씬 조잡하고, 느리며, 단순할 것이다. 꽃가루가 수행하는 브라운 운동의 불규칙성과 자유도가 꽃가루의 생기를 떠올리게 한다면, 그와는 비교도 안 되게 불규칙적이고 자유로운 H_2O 분자들의 운동에 대해 생기를 말하지 못할 이유가 없을 것이다. 게다가 꽃가루의 운동은 그들을 둘러싼 외부의 H_2O 분자들과의 기계적 충돌을 통해 말끔히 설명되는 반면 분자들의 운동은 그들 자신이 발휘하는 에너지 또는 힘이 없이는 설명되지 않는다. H_2O 분자들의 상태 변화도 마찬가지다. 그들은 어떤 '문턱'을 경계로 스스로 상태를 변화시킨다. 개별 분자로 자유롭게 움직이다가 온도가 떨어지면 스스로 응결되어 액체가 되고 반대로 온도가 오르면 다시 기체가 된다. 이러한 H_2O

분자들의 운동은 생기 있다고 하는 것 외에는 딱히 묘사할 방법이 없을 정도로 역동적이며 그 한자어가 의미하는 바 그대로 활발活潑하다. H_2O 분자들이 뿜어내는 생기란 그렇게 활발하게 움직이고 변할 수 있는 힘 또는 능력이나 다름없다.[21]

H2O 분자만 그럴까? 생명의 최소 단위로 받아들여지는 세포에서도 분자들의 활력과 생기를 찾아볼 수 있다. 모든 생명체의 세포 속에서 동시다발적으로 일어나고 있는 셀 수 없는 화학 반응, 즉 세포 대사cellular metabolism는 세포를 구성하는 각종 분자들을 합성하고 분해하며, 세포의 생존에 필요한 에너지를 발생시킨다. 세포 대사의 결과 중에서도 가장 중요한 것은 단백질 분자일 것이다. 아주 단순해 보이는 효모 세포에도 무려 4천만 개가 넘는 단백질 분자가 존재한다고 한다. 단백질 분자의 이러한 다양성은 엄청나게 역동적이고 다채로운 화학 반응을 가능하게 한다. "분자 세계를 볼 수 있는 눈으로 살아 있는 세포 안을 들여다본다면, 화학 활동으로 격렬하게 들끓는 세계가 눈앞에 펼쳐질 것이다. 어떤 분자는 중성을 띠고 있어서 수동적이다. 산성을 띤 것도 있고 염기성을 띤 것도 있다. 이 모든 다양한 물질들은 무작위적 충돌이나 단계적인 접촉을

21 신유물론에서의 종종 자기조직화나 자기생성(autopoiesis) 등에 대한 논의를 찾아볼 수 있다. 자기조직화는 물질의 소산 구조(dissipate structure)가 보여주는 안정화와 관련된다. 그리고 자기생성은 세포의 생화학적 자기 유지 활동을 기술하기 위한 개념이다. 그렇다면 물질을 능동적이며 활기찬 것으로 보는 신유물론이 자기조직화나 자기생성에 주목하는 것은 당연한 일이다. 둘 모두 본질적으로 물질이 자신의 구성적 능력을 능동적으로 발휘하는 특수한 방식과 다름없기 때문이다.

통해 끊임없이 상호작용한다. 때로 분자들은 전자와 양성자를 재빨리 주고받으면서 일시적으로 화학 반응을 일으키고는 한다. 또 단단하게 유지되는 결합을 형성함으로써 화학적으로 계속 연결된 상태로 있는 분자들도 있다."[22] H_2O 분자들이 보여주는 제멋대로의 움직임이 H_2O 분자들이 스스로 힘을 발휘한 결과라면 세포 속 단백질 분자들의 들끓는 화학 반응 또한 마찬가지일 것이다. 단백질 분자들의 화학 반응은 분자들 외부의 계획에 따라 일어나는 것도, 분자들과 별개로 성립하는 어떤 법칙의 규제를 받아서 일어나는 것도 아니다. 그들은 자신들이 처한 조건에 맞춰 스스로 반응을 일으키고 있다.

단백질 분자들의 작용을 이해하기 위한 최선의 방식은 그들을 일종의 **분자 기계**molecular machine로 생각하는 것이다. 실제로 세포 내부의 단백질 분자들은 마치 자동화된 공장에서 쉴 새 없이 돌아가는 기계들처럼 작동한다.

> 효소들은 서로 협력하여 DNA를 매우 정확히 복제하는 일 같은 더욱 복잡한 합성 과정도 수행할 수 있다. 이런 일을 하는 효소는 극도의 정확성과 신뢰성을 겸비한 아주 작은 분자 기계라고 상상하는 편이 가장 낫다. 이런 분자 기계 중에는 화학 에너지를 사용해서 세포에서 물리적 작업을 하는 것도 있다. 세포 내에서 다양한 물질과 구조를 움직이고 세포 자체의 운동을 일으키는

22 폴 너스, 《생명이란 무엇인가: 5단계로 이해하는 생물학》, 이한음 옮김, 2021, 104-105.

분자 모터 역할을 하는 단백질들이 그렇다. 세포 내에서 성분과 화학물질을 필요한 곳으로 운반하는 택배기사처럼 일하는 것들도 있다. 이들은 복잡하게 뻗어 있는 철도망과 비슷하게 세포 안에서 이리저리 가로지르는 복잡한 도로망을 통해서 운반한다. 이 도로망도 단백질로 만들어진다. 연구자들은 이런 미세한 분자 모터가 작동하는 모습을 영상에 담았다. 이 모터는 세포 안에서 작은 로봇처럼 "걸어 다니는" 듯이 보이기도 한다. 이런 모터는 앞으로만 계속 움직이게 하고 다른 분자와 우연히 부딪혀도 경로에서 벗어나지 않도록 깔줍톱니바퀴 메커니즘을 갖추고 있다. … 이런 분자 모터 중에는 염색체를 서로 분리하고 세포를 절반으로 나누는 데에 필요한 힘을 일으키는 것도 있다.[23]

이렇게 분자 수준에서 보면 세포, 나아가 생명체가 보여주는 모든 작용은 수십억 개 분자 모터들이 합을 맞춰 작동한 결과라는 점이 드러난다. 또 하나의 대표적인 분자 기계는 미토콘드리아의 양성자 펌프다. 세포 호흡cellular respiration을 위해서는 우선 미토콘드리아의 막 내부가 아니라 바깥에 전하를 띤 양성자가 쌓여야만 한다. 미토콘드리아는 양성자를 막 바깥으로 퍼낸 뒤 단백질 분자로 구성된 채널을 통해 다시 내부로 들어오게 만드는데, 이 과정은 댐에서 일어나는 수력발전과 매우 유사하다. 양성자가 쏟아져 들어오는 채널은 일종의 터빈과 같이 작동하는데,

23 폴 너스, 앞의 책, 111.

놀랍게도 그 형상 또한 수력발전소의 터빈과 비슷하게 생겼다. 마치 수문을 열었을 때 터빈이 돌아가는 것처럼, 양성자가 쏟아져 들어오면 채널의 분자 회전날개가 돌아가는 것이다. 이 회전을 통해 결과적으로 아데노신삼인산adenosine triphosphate, 즉 ATP가 생성된다. 단백질 분자들의 작동은 이렇게 그들을 모터나 펌프, 터빈과 같은 기계로 보았을 때 가장 잘 이해할 수 있다.

이 분자 기계들은 어떻게 작동할까? 그들은 **저절로, 즉 밖으로부터 도움을 받지 않은 채 스스로** 그렇게 작동한다. 보이지 않는 관리자가 대기하고 있다가 분자 기계들에게 일일이 지령을 내리거나 때맞춰 그들의 스위치를 올릴 필요가 없다. 그것이 작동할 조건이 되면 분자 모터들은 자신의 방식대로 알아서 돌아갈 것이다. 그들은 누가 시키지도 않았는데 스스로 각종 화학물질을 수송하고 톱니바퀴를 돌린다. 양성자를 막 바깥으로 퍼내는 분자들의 능력은 분자들 외에 다른 것에 의해 부여된 게 아니라 그들 자신이 타고난 것이다. 이 점에서 양성자 펌프는 살아 있는 박테리아만큼이나 능동적이다. ATP를 생산할 때 "세균은 세포막 밖으로 양성자를 퍼냄으로써 **능동적으로** 그렇게 하는 반면, 더 복잡한 진핵생물의 세포는 특수한 구획 내에서 그렇게 한다."[24] 분자 기계들의 능동적 역량은 그들을 다른 기계에 빗대어 생각해 보면 보다 분명해진다. 가령 잡다한 부품들이 어떤 설계자도 없이 저절로 모여서 어떤 기계가 생겨나고, 그 기계가

24 폴 너스, 앞의 책, 121. 강조 추가.

어떤 외부의 통제나 프로그래밍도 없이 어떤 상황에서 저절로 켜져서 척척 움직이고, 다른 사물을 만들어 내며, 다른 상황이 되면 저절로 꺼진다면, 누구라도 그 기계가 능동적으로 작동한다는 점을 부인할 수 없을 것이다. 기계나 기계를 구성하는 부품들이 스스로 힘을 발휘한다고 생각하지 않고서는 기계의 작동을 이해할 방법이 없기 때문이다. 물론 이런 기계는 신통하게 느껴질 것이다. 그런데 하나의 세포 속에는 그렇게 신통한 기계들이 셀 수 없을 만큼 많다. 그리고 그들은 상상을 초월하는 속도로 작동하면서 지구상의 모든 생명체를 살려 주고 있다.

단백질 분자들이 보여주는 화학 반응들을 이해하기 위해 그들을 분자 기계로 생각해야 한다는 말은 그들이 가진 힘, 역량, 행위성 없이는 단백질 분자들의 작용을 이해할 수 없음을 의미한다. 물론 이런 힘이나 능력은 그 자체로는 특별할 것이 없다. 세포가 "경이로울 만치 복잡하지만 궁극적으로 이해할 수 있는 화학적, 물리적 기계라는 생각은 현재 널리 받아들여진 생명을 바라보는 관점"이며 따라서 "궁극적으로 생명은 비교적 단순하면서 잘 이해된 화학적 인력과 척력의 법칙, 분자 결합의 형성과 파괴로부터 출현"한다고 볼 수 있다.[25] 그런데 세포 내 분자들이 발휘하는 인력과 척력은 그 복잡성과 다양성에서 차이가 날 뿐 앞서 살펴본 H_2O 분자들이 발휘하는 힘들과 기본적으로 동일하다. H_2O 분자들을 움직이거나 변화시키는 바로 그 물질적

25　폴 너스, 앞의 책, 125.

힘이 세포 내 분자들의 화학 반응을 일으키는 것이다. 이처럼 생명이 물질에 내재적인 역량과 행위성으로부터 비롯한다고 해서 그것의 경이로움이 줄어드는 것 같지는 않다. 오히려 그 반대다. "생명의 대부분 측면들은 물리학과 화학의 관점에서 더 잘 이해할 수 있다. 비록 고도로 체계화되고 편제된 비범한 형태이자 그 어떤 무생물 과정도 따라올 수 없는 정교한 형태의 화학이지만 말이다."[26]

H_2O 분자들은 스스로의 힘으로 움직이면서 그리고 그 힘을 다르게 쓰면서 전에 없던 새로운 것들을 만들어 내고 있다. 흐르는 강물에 두 번 발을 담글 수 없는 것처럼, 제멋대로 움직이는 H_2O 분자들 또한 같은 운동을 반복하지 않는다. 겉으로 보기에 가만히 있는 물 한 잔도 분자 수준에서는 언제나 새롭게 변하고 있는 것이다. 그것이 변하지 않는 것처럼 보이는 것은 H_2O 분자들의 운동으로 인한 변화가 너무 작고 빠르기 때문이다. H_2O 분자들은 외부의 요인들에 떠밀리거나 휩쓸리는 게 아니라 인간이 지각할 수 없는 수준에서 늘 차이 나게 운동하면서 새로운 상태를 창조하고 있는 것이다. H_2O 분자들은 인간이 지각할 수 있는 새로움을 만들기도 하는데, 온도에 따른 상태 변화가 이를 잘 보여준다. 물과 마찬가지로 물이 얼 때마다 분자적으로 정확히 동일한 얼음이 반복되지는 않으며, 따라서 물이 응고할 때마다 새로운 얼음이 만들어진다고 해야 한다. 누가 어떻게 이 새로운

26 폴 너스, 앞의 책, 94.

얼음을 만들어 내는가? 그 얼음은 물을 구성하는 H_2O 분자들이 어는점에 이르러 운동 방식을 바꿈으로써 만들어진다. 얼음을 새롭게 만든 것은 제멋대로 움직이고 있는 H_2O 분자들 자신이다. 인간이 지각할 수 있든 없든, 미시적이든 거시적이든, 그들은 이 세계에 늘 새로움과 차이를 가져오고 있다. 세포 내 분자들도 마찬가지다. 세포는 겉으로는 동일성과 항상성을 유지하고 있는 것처럼 보이지만 속으로는 미세하게 차이 나는 분자적 상태들을 눈이 돌아갈 속도로 만들어 내고 있다. 그리고 이 모든 작업은 세포 내 분자들의 자율적이고 능동적인 작용을 통해 이루어진다.

위의 이야기는 H_2O 분자들과 단백질 분자들의 작용을 모든 물질의 변화와 작용으로 성급하게 일반화하기 위한 것이 아니라 신유물론이 말하는 새로운 물질성이 어떤 것인지를 구체적으로 예시하기 위한 것이다. 분자 수준 이하로 내려가기만 해도 이전의 물질 이해를 더 이상 고수할 수 없는 상황과 맞닥뜨리게 된다. "물리-화학적 지층들이 물질을 다 소진한다고 생각할 이유는 없다. 분자 이하의, 형상화되지 않은 근원적인 물질Matière이 있다."[27] 요점은 외부 조건의 변화, 외부에서 가해진 힘, 외부와의 기계적 충돌, 외부에서 부과된 프로그램, 계획은 물질이 특정한 방식으로 작용하거나 변하는 데 필요조건일 수는 있어도

27 Gilles Deleuze and Félix Guattari, *Mille Plateaus: Capitalisme et Schizophrénie II*, Minuit, 1980. 628. 김재희, 〈들뢰즈의 표현적 유물론〉, 《철학사상》, 45호, 2012, 157에서 재인용. 번역은 김재희의 번역을 그대로 따랐다. 국역본은 질 들뢰즈, 펠릭스 과타리, 《천 개의 고원》, 김재인 옮김, 새물결, 2001. 959.

충분조건은 될 수 없다는 것이다. 왜냐하면 물질의 외부에서 무엇이 들어오건, 그렇게 들어오는 것을 '받아서' 결과를 만들어 내는 물질의 힘, 역량, 행위성 없이는 물질의 어떤 변화나 작용도 설명되지 않기 때문이다. 만약 물질이 자신에게 부과되는 것을 다른 방식으로 받아서 다른 결과를 냈다면, 그것의 변화와 작용도 달랐을 것이다. 그러므로 물질이 굳이 그렇게 변하는 이유, 하필이면 다른 게 아니라 그렇게 작용하는 이유는 물질의 바깥에서만이 아니라 물질의 안에서도 찾아져야만 한다.

물질의 작용과 변화가 가능하기 위해서는 결국 물질의 내재적인 힘이나 능력, 행위성이 있어야만 하는 것이다. 분자들이 스스로 열에너지를 운동에너지로 '변환한다'거나, 충돌을 받았을 때 운동 방식을 '결정한다'거나 또는 인력과 척력을 '발휘한다'고 했을 때만 그들의 운동을 이해할 수 있는 것이다. 단백질 분자도 마찬가지다. 분자 기계들이 걸어 다니는 것은 그들이 단지 수동적으로 외부에서 힘을 받거나 법칙을 따르기 때문만이 아니라 그 힘을 주어진 법칙에 맞게 걷는 운동으로 전환하는 능력을 능동적으로 발휘하고 있기 때문이기도 하다. 이처럼 물질은 단지 외부로부터 작용, 영향 또는 규제를 받기만 하는 수동적인 존재가 아니다. 물질은 자신에게 주어진 에너지의 종류를 스스로 변환하고, 자신에게 주어진 충돌에 맞춰서 스스로 운동의 양상을 바꾸고, 자신에게 부과된 법칙에 따라 스스로 작용한다. 그것은 외부로부터의 작용에 맞춰 주고, 영향을 받아 주고, 규제를 따라 주는 자신의 역량과 행위성을 능동적으로 발휘하고 있는 것이다.

조건과 상황이 어떻게 결정되었건, 물질은 그렇게 정해진 조건과 상황 속에서 스스로 힘써 행하고 있다. H_2O 분자의 사례는 흔하디 흔한 분자들도 알고 보면 쉬지 않고 스스로 힘써 행하고 있다는 사실을 보여준다. 그리고 세포의 사례는 일견 비물질적인 것으로 보이는 신비로운 생명현상도 알고 보면 궁극적으로 물질이 스스로 힘써 행한 결과라는 사실을 드러낸다. 물질이 부단히 스스로 힘써 행한 덕분에, 다시 말해 물질이 자신의 내재적인 역량, 능력, 행위성을 능동적으로 발휘한 덕분에 물질적 작용은 물론 비물질적으로 보이는 생명현상들도 일어날 수 있는 것이다.

물질이 발휘하는 역량, 능력, 행위성은 물질의 외부에서 불어넣어진 것이 아니라 물질이 생성되면서 타고나는 것이라는 점에서 내재적이다. 물질은 자신이 타고난 활력이나 생기 즉 자신의 내재적 행위성을 발휘함으로써 새로운 상태나 사물을 만들어 낸다. 이처럼 물질은 스스로 작용할 수 있다는 점에서 **능동적**이고, 그럴 수 있는 행위성을 내재적으로 갖고 있다는 점에서 **활기차며**, 그 행위성을 발휘하여 세계에 새로움을 가져올 수 있다는 점에서 **창조적**이다. 이전의 유물론들이 가정한 바와는 반대로, 물질은 언제나 무엇을 하고 있는 물질 또는 무엇을 할 수 있는 물질이다.

새로운 물질성을 중심으로 하는 갱신된 존재론이야말로 다양한 신유물론들을 일관하는 테마라고 할 수 있다. 신유물론으로 불리는 이론들은 모두 명시적으로든 암묵적으로든 능동성, 활기, 창조성으로 특징지어지는 물질성을 받아들이고 있다. 따라서 신유물론에서 무엇이 새롭냐고 묻는다면, 그것이 내세우는 물질의 존재론이 새롭다고 답할 수 있을 것이다. 이러한 존재론은 위장된 물활론animism이나 의인관anthropomorphism이 아니라 실제 과학에 대한 고찰과 분석을 통해 얻어진 철학적 결론이다. 거듭 강조하지만 하나의 신유물론, 대문자 신유물론 같은 것은 존재하지 않는다. 그럼에도 불구하고 다양한 신유물론들에서 변주되는 테마를 말해야만 한다면, 그것은 아마도 새로운 물질성, 물질의 새로운 존재론에서 찾을 수 있을 것이다. 신유물론이 탐구하는 물질은 남에 의해 뭔가를 '하게 되는' 수동적이고 무력한 물질이 아니라 스스로 무엇이든 '되게 하는' 능동적이고 창조적인 물질이다. 새로운 유물론 속에서 물질은 창조적으로 재활성화되고 있는 것이다.

신유물론은 수동적이고 무력한 물질이라는 생각을 극복하려 하지만 그렇다고 물질을 무한한 생기로 충만하거나 무에서 유를 창조해내는 신비로운 존재로 낭만화하지는 않는다. 얼음 속 H_2O 분자들은 제멋대로 진동할 수 있을 뿐 물속에서처럼 제멋대로 회전하거나 병진할 수는 없다. 그들은 상온에서는 아무리 특별해 봤자 물일 수밖에 없고 반대로 0도 이하에서는 무슨 수를 써도 얼음일 수밖에 없다. 즉 H_2O 분자들은 항상 다소간 제멋대로 운동하지만, 그 운동은 무조건적으로 제멋대로인 게 아니라 나름의 조건에 따라 제멋대로인 것이다. 상태 변화도 마찬가지다. 물이 얼음이 되는 것은 0도 이하로 온도가 내려가야만 가능하다. 반대로 바로 이 조건 때문에 물은 계속 물일 수 없고 수증기가 될 수도 없다. H_2O 분자들의 상태가 변화할 때에는 항상 그런 변화를 가능하게 하면서 다른 변화는 불가능하게 하는 외부의 조건이 있는 것이다. 세포 내 분자들의 화학 반응을 일으키기 위해서는 그에 적합한 특정한 화학적 조건이 갖춰져야 한다. 산성이나 염기성의 환경에서만 가능한 분자의 활동이 있고 칼슘, 마그네슘, 칼륨 이온을 필요로 하는 활동도 있다. 게다가 이들이 서로 방해하면 안 되기 때문에 각 조건과 활동은 구획화compartmentation가 되어야 한다. 이러한 사실은 물질의 능동성과 활력, 창조성이 **조건화되거나 제약되어**conditioned or constrained 있음을 보여준다. 능동적이고 활기차며 창조적인 물질은 수동성과 무력함, 진부함을 배제하지 않을 뿐 아니라 오히려 전제한다. H_2O 분자들이 회전이나 병진 운동을 하기 위해서는 1기압과 0도 이상의 온도라는 상황을 겪어야 한다. 그들이 회전하거나 병진할 수 있는 힘을 얻기 위해서는 우선 기체에서처럼 자유롭게 운동할 수 있는 힘을 잃어야 한다. 물은 0도 이하의 온도에서 스스로를 얼음으로 재창조하지만, 그 창조성은 어차피 무수히 많은 가능한 얼음들 중 하나일 뿐이라는 진부함을 벗어나지 못한다. 물질의 조건화되고 제약된 본성을 간과할 경우 물질은 그저 자의적으로 변화하고 작용하는 혼란스러운 존재가 되어 버릴 뿐만 아니라 인간이 어떻게 물질의 힘을 끌어다 쓸 수 있는지, 즉 어떻게 물질을 이용하고 통제하고 도구화할 수 있는지도 이해할 수 없게 된다. 순전히 제멋대로 작용하며 전적으로 예측이 불가능한 것을 어떻게 이용하고 통제할 수 있겠는가? 신유물론이 말하는 물질은 스스로 힘써 행하는 물질, 다채롭게 변화하고 다방면으로 활동하는 물질이지 밑도 끝도 없이 '미쳐 날뛰는' 물질이 아니다.

새로운 물질성은 신비롭거나 기이한 것이 아니다. 일부 신유물론자들은 물질의 능동성과 행위성을 강조하기 위하여 물활론적이고 의인관적인 수사적 전략을 구사했고, 이 때문에 새로운 물질성은 영적인 물활론spiritual animism이나 의인적 사고의 산물로 생각되기 쉽다. 그러나 새로운 물질성은 가령 분자 수준에서 일어나는 물질의 작용만 살펴봐도 충분히 받아들일 수 있는 것이다. 물질이 능동적이라는 말은 특정한 물질이 조건과 제약에 맞게 자체적인 힘이나 역량, 능력을 스스로 발휘한다는 뜻이고 물질이 창조적이라는 말은 자신의 역량을 능동적으로 발휘하여 뭔가를 만들어 낸다는 뜻이다. H_2O 분자들은 누가 시키지 않았는데도 스스로 인력과 척력을 발휘하지 않는가? 현미경 아래 보이는 다채롭고 아름다운 눈의 결정들은 공기 중의 H_2O 분자들이 스스로를 창조한 결과물 아닌가? 세포 내 분자 기계들은 사사건건 개입하고 통제하는 외부 관리자 없이도 절묘한 시점에 제대로 작동하지 않는가? 수많은 단백질 구조들은 분자들의 창조성을 보여주고 있지 않는가? 물론 이를 두고 일어날 수 있는 일이 조건에 따라 일어났을 뿐이며 따라서 창조적이라고 할 만한 게 없다고 생각할 수도 있다. 그러나 그런 식이라면 어떤 예술가의 작업도 창조적일 수 없을 것이다. 일어날 수 있는 일이 조건에 따라 일어나는 건 예술가의 작업에서도 마찬가지이기 때문이다. 물질의 능동성이라는 말에 거부감이 든다면 활동성이나 자율성이라고 해도 좋겠다. 물질의 창조력이 부담스럽다면 그냥 구성력constructive power이라고 해도 무방하다. 스스로 힘써 행하는 물질이란 충분히 합리적으로 이해 가능한intelligible 물질이다. 그것은 낯설 수 있지만, 신비롭거나 기이한 것은 아니다.

확장된 행위자와 행위자 생태학: 사물의 서식지로서의 환경

새로운 물질성의 함의를 밀고 나가다 보면, 행위자가 인간을 넘어서 비인간 물질이나 사물로까지 확장된다고 말할 수 있게 된다. 물질이나 사물이 **확장된 행위자**extended agent로서 행위의 주체가 되는 것이다. 물질이 정말 능동적이고, 활기 차며, 창조적이라면, 그것을 행위자로 보지 않을 이유가 없다. H_2O 분자들은 타고난 힘을 발휘하여 제멋대로 운동하다가도 조건의 변화에 맞춰 그 힘을 스스로 조절하여 상태를 변화시킨다. 즉 그들은 실제로 작용하거나 또는 조건과 제약이 바뀌면 다르게 작용할 수 있는 능력을 갖고 있다는 의미에서 행위의 주체, 즉 행위자일 수 있다. H_2O 분자들이 행위자일 수 있다면 다른 분자들도 행위자이지 못할 이유가 없다. 대니얼 데닛Daniel Dennett은 생명의 기초가 되는 거대분자macromolecules를 묘사하면서 다음과 같이 말한다. "분자생물학의 현미경을 통해 우리는 효력을 지닌 채 그저 있는 것이 아니라 행동을 결행하기에 충분한 복잡성을 지닌 최초의 거대분자에서 행위agency가 이루어지는 장면을 목격한다."[28] 규모나 구조가 어떻건 상관없다. 분자들이 행위자라면 그들보다 미시적인 원자들도 행위자일 것이고 반대로 그들보다 거시적인 사물들도 행위자일 것이다. 인공물인지 자연물인지도 상관없다. 자연에 존재하는 물질뿐만 아니라 인공물들도 전부 행위자가 된다. 안개와 구름, 빗방울은 행위자다. 컴퓨터나 스마트폰은 물론 펜, 탁자, 건물이나 도로, 음식이나 약물도 행위자다. 신유물론에서 비인간 행위자가 단골 주제인 이유가 여기에 있다. 일단 물질의 능동성을 받아들이고 나면 비인간을 행위자로 보지 않을 도리가 없기 때문이다.

물론 이렇게 확장된 행위자를 정신적인 의도와 목적을 가지고 행위하는 인간과 같은 행위자라고 할 수는 없다. 의도나 욕망과 같은 지향적 상태들intentional states에 따라 행위하는 행위자를 **두꺼운 행위자thick agent**라고 부른다면, 일부 동물과 인간을 제외한 대부분의 비인간들은 두꺼운 행위자일 수 없을 것이다. 따라서 만약 물질을 비롯한 비인간들이 행위자라면, 그때 말해지는 행위자는 정신적인 지향적 상태 없이 행위하는 행위자, 즉 **얇은 행위자thin agent**여야 할 것이다.[29] 두꺼운 행위자는 언제나 얇은

28 대니얼 데닛, 《마음의 진화: 대니얼 데닛이 들려주는 마음의 비밀》, 이희재 옮김, 사이언스북스, 2006, 49.

29 흥미롭게도 데닛은 두꺼운 행위자와 얇은 행위자의 구별과 비슷한 인간의 행위와 거대분자의 유사 행위 사이의 구별을 제시한다. "거대분자의 행위는 사람의 행위처럼 완전하지 않다. 분자는 자신이 무엇을 하고 있는지 모른다. 반면에 사람은 자신이 무엇을 하는지 대부분의 경우 잘 안다. … 그럼에도 불구하고 인간과 같은 종류

행위자이지만 그 역은 성립하지 않는다. 얇은 행위자의 행위는 인간의 지향적 행위보다는 인과적 작용에 훨씬 더 가까울 것이다. 얇은 행위자는 의도나 욕망과 같은 정신적인 지향성을 갖지는 않지만, 어떤 작용을 하도록 준비하고 있으며 그렇게 '준비된 방향으로' 작용한다. 가령 설탕이나 소금은 물과 접촉했을 때 용해되도록 준비하고 있고, 물과 접촉하면 용해되는 방향으로 작용한다. 물질의 작용action은 곧 얇은 행위자의 행위action이며 물질은 그런 행위를 통해 세계에 차이를 만들어 낸다. **행위성은 얇게 퍼진다.**[30] 이렇게 행위자를 확장시키는 일은 미심쩍은 물활론이나 의인관으로 다시 돌아가는 것처럼 보일 수 있다. 그러나 실제로는 정반대다. 물활론적 사고나 의인화는 모든 물질이나 사물에 인간과 유사한 지향성을 부여함으로써 그들을 행위자로 상상하는 것이다. 반면에 확장된 행위자의 요점은 바로 그런 지향성의 상상적 투사와 무관하게 그들이 실제로 모종의

의 행위가 발전할 수 있는 유일한 토양을 제공한 것은 바로 이런 분자의 행위였다. 우리가 이 수준에서 찾아내는 유사 행위는 조금 이질적이어서 왠지 막연한 거리감 같은 것도 느껴진다. 뚜렷한 목표가 있어 보이는 그 모든 수선과 소란에도 불구하고 '주인공이 보이지 않는다.'"(대니얼 데닛, 앞의 책, 49-50.)

30 데닛은 행위성이 얇게 퍼진 상황을 다음과 같이 묘사한다. 그가 말하는 거대분자들은 "어떻게 보면 행위자처럼 움직였다. 하지만 또 어떻게 보면 정처없이 떠돌고 이리저리 밀려다니면서 수동적으로 움직였음을 부인하기 어렵다. 그들이 방아쇠에 손가락을 얹은 채 행동을 준비했다고 말할 수 있을지는 몰라도 희망에 차서, 또는 결연하게, 또는 의도적으로 기다렸다고 말하기는 곤란할 것이다. 그들의 턱이 벌어져 있었다 하더라도 그것은 강철 덫처럼 무심하게 열린 것에 지나지 않았을 것이다."(대니얼 데닛, 앞의 책, 55-56.)

행위자라는 데 있다. 이런 의미에서 확장된 행위자는 의인관과는 아무런 관련이 없으며 오히려 행위성을 그것을 속박해 온 인간중심주의로부터 해방시킨다.

아무리 행위자를 얇고 부담 없게 만든다고 해도, 일견 가만히 있는 사물들을 행위자로 인식하는 것은 여전히 부담스러울 수 있다. 여기서 브뤼노 라투르의 행위자-네트워크 이론Actor-Network Theory, ANT의 행위자 개념을 참조하는 것이 도움이 될 수 있다. ANT 또한 기계, 도구, 장치, 설비 등 비인간 사물들에게 행위자의 지위를 부여하며, 바로 이 때문에 격렬한 반대와 비난에 부딪힌 바 있다. 어떻게 한낱 사물 따위가 행위자일 수 있느냐는 것이다. 그러나 이런 비난은 ANT의 행위자 개념을 제대로 이해하지 못해서 벌어진 해프닝에 불과하다. ANT는 기술적 존재자를 비롯한 비인간 사물들이 행위자라고 주장하지만 이는 그들이 마치 인간이나 생물처럼 의지나 목적을 가지고 행동한다는 말이 아니다. ANT에서 행위자의 기준은 의지나 목적 같은 것이 아니라 **효력** 또는 **차이**에 있다. 인공물을 포함한 비인간들이 만약 어떤 측면에서 인간 행위자와 동일한 효력을 발휘하거나 동일한 차이를 만들어 낸다면, 그들은 적어도 그 측면에서는 행위자라는 것이다. 가령 아침잠이 많은 중학생은 어머니의 잔소리 때문에 부득이 아침 일찍 정해진 시간에 일어날 수 있지만 스마트폰의 알람 소리 때문에 그 시간에 일어날 수도 있다. 어머니는 자식을 제때 깨워서 아침을 먹이고 학교에 보내고자 하는 의도에 따라 행위하는 반면 스마트폰은 어떤 의도도 없이 설정된 대로 작동할 뿐이다. 하지만 둘 다 중학생을 특정 시간에 일어나게 만드는 효력 면에서는 동일하다. 바로 이 때문에 ANT는 알람이 설정된 스마트폰을 행위자라고 하는 것이다. 다시 말해 "다른 사람이 내 행동을 바꾸듯이 기술도 내 행동을 바꾸며, 나는 명령이나 법을 통해 다른 사람들의 행동을 바꿀 수도 있지만, 기술을 통해서도 같은 효과를 얻을 수 있다는 것이다."[31] 심지어 기술적 존재자는 인간 행위자가 만드는 것과 동일한 차이를 더 효과적으로 만들어 낼 수 있다. 이를 보여주는 유명한 사례가 과속방지턱이다. 과속을 예방하기 위해 인간들은 운전자의 도덕적 심성에 호소할 것이고 과속해서는 안 된다는 규범을 주입하려고 할 것이다. 그러나 과속방지턱은 도덕적 심성이 아니라 운전자의 이기심에 호소한다. 그것은 차의 서스펜션에 무리가 가지 않게 하려면 과속하면 안 된다는 신호로 기능하는 것이다. 결과적으로 과속방지턱은 인간들이 만들어 내고자 했던 차이를 더 효과적으로 만들어 낸다.[32]

사물들이 얇은 행위자라는 것도 이와 마찬가지로 생각해 볼 수 있다. 그들은 **효력 발휘 또는 차이 생성의 주체이며** 바로 이 점에서 행위자인 것이다. 스마트폰, 신발, 탁자, 건물이나 도로가 정말 행위자일까? 아무리 봐도 그들은 그냥 가만히 있을 뿐 아무 '짓'도 하지 않는 것 같다. 그러나 그런 사물들조차도 조건에 따라 효력이나 차이를 만들어 낸다. 겨울이 되면 호수의

31 브루노 라투르 외, 《인간, 사물, 동맹: 행위자네트워크 이론과 테크노사이언스》, 홍성욱 엮음, 이음, 142.

32 브루노 라투르 외, 앞의 책, 141.

H_2O 분자들은 빙판이 되어 인간이 썰매를 타게 만들지만, 그와 동시에 수영을 못하게 만든다. 끝에 압력이 가해진 볼펜은 종이가 잉크를 흡수하게 만든다. 고층 건물은 인간이 이동 경로를 바꾸게 만들고 기류가 방향을 바꾸게 만든다. 옷은 그 옷이 맞는 사람을 편하게 만드는 반면 맞지 않는 사람을 불편하게 만든다. 사물들은 이처럼 어떤 의도도 생각도 없지만 다양한 차이를 만들어 내고 있다. 이쯤 되면 사물들을 두고 행위자가 아니라고 하기도 어렵다. 그들은 스스로 차이를 만들어 내고 효력을 발휘하는 행위자다.

확장된 행위자는 **생태학적 논제**ecological thesis라고 할 수 있다. 행위자의 확장은 인간이 무엇과 어떤 관계를 맺는지를 다시 생각하게 만든다는 점에서 생태학적이다. "생태학은 말 그대로 인간과 환경 사이의 '관계'를 생각하고 포착하는 것이지 자연을 알 수 없는 신비로운 것으로서 존중하는 것이 아니다."[33] 확장된 행위자 또한 인간과 물질/사물 사이의 관계에 관한 것이지 낭만적인 의인화에 관한 것이 아니다. 확장된 행위자라는 관점에서는 인간-환경 관계는 행위자-행위자 관계로 이해될 것이다. 환경을 구성하는 인공물도 행위자고 자연물도 행위자라면, 결국 환경은 각종 행위자들로 가득 차 있는 셈이다. 환경은 단지 실용적 차원에서만 고려되는 도구나 자원의 저장고가 아니라 얇은 행위자들이 우글거리고 있는 사물들의 서식지인 것이다. 행위성은 환경의 구석구석에 스며들어 있고 환경은 행위성에 흠뻑 절여져

33 이찬웅, 《기계이거나 생명이거나》, 이학사, 2021, 48-49.

있다. 이렇게 행위성에 절여진 환경에 대한 탐구를 **행위자 생태학** agential ecology이라고 할 수 있을 것이다.

확장된 행위자라는 논제는 어디까지나 새로운 물질성에서 끌어낼 수 있는 생태학적 논제이지 도덕적이거나 실천적 차원의 요청이 아니다. 이제까지 인간들이 비인간 사물과 물질이 가진 행위자로서의 권리를 무시해 왔으므로, 이를 반성하고 이제라도 물질에게 행위성의 지분을 좀 떼어 주자는 주장이 아닌 것이다. 확장된 행위자 논제의 요점은 비록 희미하고 얇은 형태이긴 하지만 비인간들이 실제로 행위자이며, 이러한 비인간의 행위성이 새로운 물질성에 의해 뒷받침된다는 것이다. 그것은 물질과 사물에 대한 예민한 감수성을 가짐으로써 그들을 행위자로 봐 주자는 주장이 아니라 그들이 정말로 능동적인 행위자일 수밖에 없다는 주장이다. 어머니 자연Mother Nature에 대한 경외심을 표현하기 위해 구름과 강과 바다를 행위자로 간주하자는 게 아니다. 오히려 H_2O 분자들이 발휘하는 막강한 행위성을 부정하기 힘들기 때문에 그들을 행위자로 받아들일 수밖에 없다는 것이다. 이런 사실을 간과한 채 확장된 행위자를 단지 도덕적이거나 실천적인 요청으로 받아들여서는 곤란하다. 새로운 생태학은 새로운 윤리학을 촉구하지만, 그렇다고 생태학적 논제를 도덕적 호소로 이해해서는 안 된다.

첫 번째 대화

고-필로누스Paleo-Philonus, 이하 PP와 신-하일라스Neo-Hylas,
이하 NH가 어느 날 저녁 광화문 근처의 카페에서 만나 이야기를 나눈다.

PP 왜 신유물론이지?

NH 사람들이 이름에 너무 꽂힌 것 같아.
정작 당사자들은 그런 이름에 별로 신경 쓰지 않거든.
다른 이름도 많아. 뭐뭐 유물론, 무슨무슨 유물론 등등.
이미 퍼져 버려서 이제 와 돌이킬 수는 없을 것 같은데,
사실 유물론 앞에 '신' 자가 들어가니까 얼마나 의심스럽냐.
무슨 아류 같고. 새롭다고 뻐기는 것 중에
제대로 된 게 거의 없잖아. 이게 뭐랑 비슷하냐면
'포스트모더니즘'이나 '프랑스 이론'French theory과 비슷해.

PP 그게 뭔 소리야?

NH 그런 요상한 이름들 때문에 이미 많은 해프닝이 있었잖아. 도저히 같이 묶일 수 없는 사상가들이 뭉뚱그려지면서 터무니없는 오해도 많이 퍼졌고 소모적인 논쟁, 논쟁 아닌 논쟁도 얼마나 많았어? 그 모든 게 윈-윈은커녕 명백한 루즈-루즈 게임이었어. 그런 명칭을 누가 왜 만들었는지, 어떻게 퍼졌는지는 모르겠고 알고 싶지도 않지만, 확실한 건 공보다는 과가 훨씬 많았고, 득보다 실이 훨씬 컸다는 거야. 반복되어서는 안 될 일이라고 생각해. 신유물론이라고 불리는 이론들이 자기들끼리 상호 참조한다는 걸 부정할 수는 없지만, 그래도 공통점보다는 차이가 훨씬 많아. 별로 좋은 명칭이 아냐.

PP 그러니까 정말 뭐가 새롭다는 거야? 새롭긴 한 거야?

NH 무턱대고 새롭냐 새롭지 않냐를 따지는 건 질문 자체가 잘못된 거지. 새로움이라는 건 언제나 맥락에 상대적인 것이고 어떤 측면에 국한된 거야. 비교와 대조의 맥락에 무관한 새로움이 어디 있으며 모든 측면에서 새로운 게 어디 있겠어? 완벽한 인식론적 단절 epistemological rupture이라는 게 정말 가능하다고 생각해? 오히려 역사를 조금이라도 안다면 인식론적 단절은 언제나 완결되지 않는다는 것, 과거로부터의 잔여적인 연속성이 항상 존재한다는 것을 받아들일 수밖에 없지. 그런 걸 받아들인 상태에서 뭐가 연속적이고 뭐가 불연속적인지를 면밀하게 따져 봐야 남는 게 있겠지.

고-필로누스와 신-하일라스는 영국의 관념론자 조지 버클리의 책 《필로누스와 하일라스의 세 대화》의 등장인물들을 패러디한 것이다. 이 책에서 하일라스는 과학 교육을 받은 상식의 입장을 내세우며 정신과 독립된 물질적 실체의 존재를 주장한다. 반면에 필로누스는 버클리 자신의 철학을 대변한다. 여기서는 입장을 바꾸어서 고-필로누스가 상식인이나 문외한의 입장을, 신-하일라스가 신유물론의 입장을 대변하는 것으로 꾸몄다.

인식론적 단절은 루이 알튀세르(Louis Althusser)가 그의 스승 중 한 명인 가스통 바슐라르(Gaston Bachelard)에게서 빌려와 활용한 개념이다. 바슐라르에 따르면 과학의 진보는 과거의 개념과 인식을 벗어나 새로운 개념과 인식을 생성할 때에만 가능한데, 전자가 이데올로기적이라면 후자는 과학적이라고 할 수 있다. 알튀세르는 마르크스 초기 저작과 그 이후의 저작들 사이에서 이런 인식론적 단절을 발견할 수 있다고 주장한 바 있다.

PP 그럼 예전에도 비슷한 아이디어가 있었다고?

NH 물질의 능동성이나 행위성이라는 아이디어는 당장 고대의 신화나 정령 신앙, 물활론, 자연철학에서 찾을 수 있고, 자연에 대한 낭만주의 전통에서도 엿볼 수 있어. 그런데 이런 건 아주 거칠고 원형적인 아이디어들일 뿐이야. 21세기에 이런 걸 그대로 반복하진 않을 거 아냐. 과학혁명 시기의 유물론은 비록 고대 원자론과 분명한 연속성을 보이지만, 그 당시로서는 '새로운' 물질관이었어. 그때는 그게 신유물론이었다니까? 결국 새로움이 말해지는 맥락과 측면들을 따져 봐야지, 닭싸움 하는 것도 아니고 그냥 '낡았다!', '새롭다!' 이게 다 뭔 소용이냐는 말이야. 그냥 또 하나의 프랑스 이론을 만드는 것밖에 더 되겠어?

2장 횡단하는 물질성

유물론을 횡단적으로 재물질화하기: 물질 없는 유물론에서 물질 있는 유물론으로

유물론이라는 단어를 들으면 자연스레 물질에 관한 이야기를 기대하게 된다. 그러나 근래 유물론이라는 담론들을 접하다 보면 이런 기대는 판판이 깨지고 만다. 물질은 거의 언급되지 않거나 언급되더라도 부차적인 배경 수준으로 다루어질 뿐 적극적인 설명이나 분석의 대상이 되지 못한다. 이런 경향의 배후에는 **물질에 대한 적극적인positive 존재론이 없이도 유물론을 할 수 있다**는 가정이 알게 모르게 깔려 있는 것 같다. 이런 가정하에 물질은 수동적이거나 부정적으로만 다루어질 뿐이다. 인간이 마음대로 갖다 쓸 수 있는 자원이나 도구 또는 인간 활동을 제약하고 방해하는 장애물로 간주되는 것이다. 이렇게 유물론에서 물질이 주변화되는 현상을 **유물론의 탈물질화 dematerialization of materialism**라고 할 수 있을 것이다. 역사유물론historical materialism과 유물론이 받아들인 사회구성주의social constructivism 또한 유물론의 탈물질화라는 혐의에서 자유롭지 않다. 유물론의 탈물질화는 갈수록 심화되어서 급기야 물질의 소멸을 내세우는 입장마저 거리낌 없이 스스로를 유물론이라고 선언하는 지경에 이르렀다. 물질을 우선시하고 물질을 다룬다는 유물론이 정작 물질을 소외시키고 있는 셈이다.

역사유물론에서 탈물질화는 이중으로 이루어진다. 한편으로 역사유물론에서 비인간 물질은 대체로 도구나 자원 이상으로 간주되지 않는다. 역사유물론은 언제나 '역사'와 '실천'을 강조하지만, 여기서 역사는 주로 인간 노동의 역사로 파악되고 실천은 인간 노동의 실천으로 이해된다. 물론 역사유물론에서 인간 노동은 생산과정을 구성하는 요소들 중 하나로서 인격성이 제거된 채 철저히 물질적인 것으로 취급된다. 그리고 비인간 물질이 단순히 무시되거나 배제되지도 않는다. 오히려 생산과정 안에서 인간과 자연물, 인공물은 각각 노동의 주체, 노동의 대상, 노동의 수단으로서 서로 긴밀하게 접합되어 있고, 이런 의미에서 그들이 일종의 복합체complex, 배치assemblage 또는 연결망network을 구성한다고 볼 수도 있다.[1] 그러나 문제는 그 긴밀한 결합에서조차 물질과 사물들이 소극적이고 수동적인 지위에 머무른다는 것이다. 역사유물론에서 인간은 노동의 주체로 규정되지만, 자연물은 노동에 의해 변형되는 재료나 자원으로, 인공물은 노동의 효율을

1 이런 이유로 다소 놀랍게도 레비 브라이언트는 마르크스를 두고 행위자-네트워크 이론가라고 평한다. "맑스는 일종의 사변적 실재론자였고 심지어 행위자-네트워크 이론가였습니다(당혹스러운 여러 가지 이유로 인해 라투르는 격렬히 반대할 것이지만 말입니다). 맑스는 생산관계와 생산 조건, 세계의 물질을 변형시키는 물리적 활동이 사회적 관계들의 모든 차원을 특징짓는 방식을 보여줍니다. 또한 맑스는 우리가 사용한 다양한 도구와 기술이 우리를 좌우함으로써 어떤 형태들의 정동성, 인지, 육체적 역량 등을 부여하고 제약하는지 그 방식을 보여줍니다." 레비 브라이언트, 《존재의 지도》, 김효진 옮김, 갈무리, 2020, 441-442.

위해 사용되는 수단이나 도구로 대상화된다. 인간 노동의 물질성은 자연과 도구를 '갖다 쓰는' 물질성인 반면, 자연과 도구의 물질성은 인간에 의해 '쓰임을 받는' 물질성인 것이다. 결국 자연과 도구로 대표되는 비인간 사물과 물질들은 사회의 물질적 생산에 어떤 적극적인 기여도 하지 못하는 수동적인 역할만을 맡게 된다. 이렇게 되면 물질과 사물이 인간에게 쓰임을 받는 것 외에 무엇을 할 수 있는지를 적극적으로 설명하고 분석하기가 어려워진다. 그러나 자연물은 인간 노동의 입장에서는 노동의 대상이지만, 다른 입장에서는 주체일 수 있다. 인공물 또한 인간 노동의

마르크스는 비인간적 요인들이 인간 노동과 결합하여 생산과정을 구성하는 요소들로 환원될 수 없다는 점을 곳곳에서 의식하고 있다. 가령 그는 자연물에 대해 이렇게 말한다. "자연은 인간의 비유기적 신체이다." (카를 마르크스, 《경제학 철학 초고/자본론/공산당선언/철학의 빈곤》, 김문현 옮김, 동서문화사, 2008, 70) 또한 그는 《자본론》에서 이렇게 말한다. "무엇이 만들어졌느냐가 아니라 어떠한 노동 수단을 사용하여 어떻게 만들어졌느냐가 각 경제 시대를 구분 짓는다." (카를 마르크스, 《자본 I-1》, 강신준 옮김, 길, 2008, 268) 이처럼 마르크스는 자연물들이 노동 대상을 넘어 비유기적 신체로서 인간의 확장된 신체를 구성하고 있으며, 인공물들이 노동 수단에 머무르지 않고 역사적 행위자로서 시대를 구획한다는 점을 이미 지적하고 있다. (인용된 구절들은 모두 신현우, 〈새로운 역사적 유물론을 위한 신유물론의 역사적 읽기〉, 《문화과학》, 107호, 2021, 119쪽에서 인용된 것을 재인용한 것이다.) 이런 구절들이 역사유물론이 인간중심주의적이지 않다는 점을 보여주는 것일까? 《자연변증법》의 엥겔스 정도를 제외한다면, 마르크스 이후의 역사유물론이 해당 구절에서 보이는 통찰들을 계승하고 발전시켰다고는 생각되지 않는다. 마르크스 문헌학을 통해서 발견할 수 있는 파편적 진술들과 마르크스 이후 역사유물론에서 드러나는 일반적 경향을 구분할 필요가 있기 때문이다.

수단일 뿐만 아니라 자체적인 능력을 가진 행위자일 수 있다. 역사유물론과는 달리, 정작 마르크스 자신은 그런 측면들을 어느 정도 인식하고 있었던 것 같다.

상품의 탈사물화dereification 또한 역사유물론의 탈물질화를 부추긴다. 상품은 인간 노동의 응고물이자 가치의 담지자이지만 또한 물질적 사물이기도 하다. 주지하다시피 상품의 가치 분석에서 상품을 구성하는 물질적 소재는 사용가치와 연결된다. 그런데 다양한 사용가치들 그리고 그들을 생산하는 구체노동은 가치로부터 분리되어 가치 분석의 초기 단계에서부터 배제된다. 이렇게 물질적 차이들이 사상된 상품은 추상적이고 사회적인 노동을 통해 생산되는 가치의 담지자로만 다루어진다. 상품이 가치 이외의 효과를 발휘하는 물질적 사물로 취급되지 못한 채 탈사물화되는 것이다.[2] 그러나 사용가치의 물질적 소재와 그들을 생산하는 구체노동은 한 사회의 물질적 생산에서 결정적이다. 상품의 탈사물화는 이런 물질적 측면들을 간과함으로써 역사유물론의 탈물질화를 가속화한다.

유물론이 무비판적으로 받아들였던 사회구성주의도 유물론의 탈물질화를 조장한 측면이 있다. 사회구성주의는 인간의 실천과

2 이와 관련하여 브라이언트는 마르크스가 "오늘날 '역사유물론'으로 불리는 것에는 아무 책임도" 없다고 말하면서 물신주의(fetishism)에 대한 마르크스의 분석이 지나치게 사회구성주의적으로 해석되었음을 지적한다. 상품으로서의 물질적 사물들이 "생산과 분배, 소비를 포함하는 사회적 관계들의 네트워크 전체"에 의해 존재하는 것은 맞지만 그렇다고 그들이 그러한 네트워크로 해소되거나 환원되지는 않는다는 것이다. (레비 브라이언트, 앞의 책, 19.)

역사가 언제나 사물의 물질화에 개입한다고 본다. 그런데, 여기서 인간의 실천은 거의 항상 "기표와 수행, 서사, 이데올로기의 행위주체성을 통한 실천"으로, 인간의 역사는 "담론, 세계에 관해 우리가 말하는 방식, 사회를 조직하는 규범과 법률의 역사"로 이해된다.[3] 인간의 실천은 담론적 실천이고 인간의 역사는 담론의 역사라는 것이다. 사회구성주의는 담론적 구성이 언제나 주어진 물질의 바탕 위에서 가능하다는 점을 흔쾌히 인정한다. 그러나 문제는 그렇게 주어진 물질이 기껏해야 담론적인 것의 구성을 기다리는 소재로 간주된다는 데 있다. 물질이 자체적인 의미나 효력을 결여한 질료 또는 배경으로 병풍 취급을 받는 것이다. 이에 따라 사회구성주의적 접근을 취하는 유물론은 갈수록 물질의 작용보다는 담론의 효과에 초점을 맞추게 된다. 물질적인 것들이 아니라 "담론성, 개념, 사회적인 것, 문화적인 것, 이데올로기적인 것, 텍스트, 그리고 의미-**관념적인** 것들"이 유물론의 내용을 잠식하는 것이다.[4] 결국 유물론은 물질에 대한 엄밀한 인식을 상실하면서 일종의 **담론주의**discursivism로 변질된다. 가령 신체를 다룰 때조차 신체의 생물학적 구성과 작용이 아니라 대중매체에서 신체가 어떻게 묘사되고 소비되는지를 분석하는 식이다. 이런 경우 신체가 어떤 담론과 서사 속에서 어떻게 의미화되는지 분석하기 위해 신체의 생물학이나 의학 등을 참조할 필요는

3 레비 브라이언트, 앞의 책, 17-18. 여기서 브라이언트는 이런 경향이 "마르크스에 대한 대단히 선택적인 독법"에서 비롯되었음을 지적한다.

4 레비 브라이언트, 앞의 책, 20.

없다. 왜냐하면 그런 의미화는 드라마와 영화, 소설, 온라인에서 일어나는 해프닝 속에서 더 잘 드러나기 때문이다. 물질적 신체가 신체에 대한 텍스트, 기호, 상징, 이미지로, 유물론적 분석이 담론 분석으로 대체된다.[5] 담론주의란 이런 식으로 물질적인 것을 담론적인 것으로 바꿔치는 경향을 말한다.[6] 그러나 "이런 사태는 **물리적** 행위 주체들이 **보이지 않게** 하는 결과를 낳는다."[7]

5 브라이언트의 다음과 같은 지적은 통렬하다. "우리는 암묵적으로 아니면 명시적으로, 사물을 인간 담론성의 운반체로 환원하기로 선택했었기에 기후 변화 같은 것을 설명할 수 없게 되었는데, 그 이유는 오직 문화만이 우리의 작업 범주로 남게 되었기 때문이다. 기호들이 도입한 이진 대립쌍들의 안개 속에 물질적인 것들이 흩어져 버린 후에는 화석 연료와 오염물, 자동차, 지구의 알베도와 상호작용하는 햇빛 등의 실재적인 물리적 효험을 생각하기 위한 여지가 더는 존재하지 않게 되었다. 인문학의 생태이론가들 사이에서도 꿀벌들이 농경에서 수행하는 역할과 그것들이 의존하는 관계들의 체계를 논의하기보다는 오히려 문학과 영화에 묘사된 환경의 초상들을 논의하는 것에 대한 선호가 나타난다." (레비 브라이언트, 앞의 책, 22.) 실제로 꿀벌의 대량 실종 사태는 세계 곳곳에서 벌어지고 있다.

6 페미니즘 연구에서도 많은 경우 생물학은 부차적으로 다루어져 왔으며 이 때문에 일부 페미니스트 연구자들은 페미니즘의 '생명 혐오'(biophobia) 현상을 우려하기도 했다. 페미니즘과 생물학의 관계에 대한 신유물론적 성찰에 대해서는 임소연, 〈신유물론과 페미니즘, 그리고 과학기술학: 접점과 접점의 접점에서〉, 《문화과학》, 107호, 2021을 참조하라.

7 레비 브라이언트, 앞의 책, 19. 돌피언과 튠은 페미니즘 연구의 상황 또한 이와 마찬가지였음을 지적한다. "후기-구조주의 페미니즘 이론은 페미니즘 사회학(물질적인 것에 집중하는)**과** 문화 구성주의(문화적인 것에 집중하는) **양자**의 환원주의적 본질주의를 공격했다고 알려져 있다. 페미니즘 사회학과 문화 구성주의의 불완전한 대립항들을 횡단하는 것, 그리고 물질 **혹은** 담론 **중 하나**에 대한 신뢰에 기반함으로써 야기되는 환원주의를 분석하는 것은 횡단성을 드러낸다. 다시 말해 쉐리단은, 문화이론에서 신유물론적 분석의 최근 경향이 언어-지향적 문화 구성주의**와** 사회학적으로 촉진된 페미니즘 **둘 모두**가 비판되어야 한다는 것을 보여준다고 논한다. **왜냐하면 둘 중 어느 하나도 물질의 행위 주체적 특성들을 충분히 받아들**

사회구성주의는 불변적인 본질로 물신화된 범주들이 어떻게 역사와 담론을 통해 구성되었는지를 폭로함으로써 한때 유물론적 비판의 강력한 무기가 되어 주었지만, 그 자신이 점차 담론주의적으로 물신화됨으로써 유물론의 탈물질화라는 역설적인 결과를 낳게 되었다.

유물론의 탈물질화 경향은 급기야 물질을 전혀 참조하지 않고 유물론을 정식화하는 데까지 이르는데, 다음과 같은 슬라보예 지젝Slavoj Žižek의 서술은 이를 잘 보여준다. "유물론은 내가 보는 실재가 결코 '전체'가 아님을 뜻하는데, 그 이유는 실재의 대부분이 내게 이해되지 않기 때문이 아니라, 실재가 그 속에 내가 포함되어 있음을 가리키는 어떤 얼룩, 맹점을 함유하고 있기 때문이다."[8] 브라이언트가 말하듯이, 이것은 유물론에 대한 좀 당혹스러운 해석이다.[9] 그것은 엄밀히 말해 지젝이 줄곧 내세우고 있는 라캉Jacque Lacan의 실재the Real에 대한 서술이지 유물론에 대한 정확한 해석이라고 보기는 힘들다. 지젝의 주장대로 실재에 이미 '나'가 기입되어 있으며 그 기입의 흔적이 맹점이나 얼룩 또는 왜상anamorphosis 등으로 나타날 수 있다고 하자. 그런데 이들이 유물론과 무슨 상관인가? 유물론이 왜 물질에 대한 적극적인 논제가 아니라 라캉 고유의 용어법을 통해 정식화되어야 한다는 말인가?

이지 않았기 때문이다.(릭 돌피언, 이리스 반 데어 튠, 앞의 책, 150. 마지막 강조는 추가.)

8 슬라보예 지젝, 《시차적 관점》, 김서영 옮김, 마티, 2009.

9 레비 브라이언트, 앞의 책, 18.

유물론이 왜 물질이 아니라 지젝식으로 전유된 라캉이나 헤겔을 참조해야만 하는가? 달리 말해, 지젝이 강조하는 라캉적 의미의 실재가 물질적 현실과 정확히 무슨 상관인가? 유물론에 대한 지젝의 해석은 물질에 대한 적극적인 존재론 없이 유물론을 할 수 있다는 생각을 노골적으로 드러내고 있다.

위와 같은 생각은 **물질 없는 유물론**materialism without matter에 대한 선언으로 이어진다. 물질 없는 유물론이라는 말은 마치 인간 없는 휴머니즘과 마찬가지로 터무니없게 들리지만 흥미롭게도 이런 표현을 직접 사용하는 이들이 있다. 가령 지젝은 프랭크 루다Frank Luda의 미출간 원고를 인용하면서 변증법적 유물론dialectical materialism에 대해 다음과 같이 말한다.[10]

> 오늘날 두드러진 철학적 투쟁은 유물론 내부에서 발생한다. 그것은 민주주의적 유물론과 변증법적 유물론 사이의 투쟁이다. 변증법적 유물론을 특징짓는 것은 바로 그것이 과학적 자연주의로부터 포스트들뢰지언의 영적인 '생동하는' 물질에 대한 주장에 이르기까지 다양한 외양을 띠고 있는 저속한 민주주의적 유물론에 맞서서 관념론적 유산을 포함한다는 사실이다. 변증법적 유물론은 첫째, 물질 없는 유물론, 즉 완전히 실체적인 존재로서 물질이라는 형이상학적 관념이 없는 유물론이다. 변증법적 유물론에서

10 지젝이 인용한 루다의 미출간 원고는 다음의 책으로 출간되었다. Frank Ruda, *For Badiou: Idealism without Idealism*, Northwestern University Press, 2015.

물질은 일습의 순수하게 형식적인 관계들 속에서 '사라진다.' 둘째, 변증법적 유물론은 물질 없는 유물론임에도 이데아 없는 관념론은 아니다. 그것은 **이데아가 있는 유물론**materialism with an Idea이다. 즉 관념론의 공간 외부의 영원한 이데아에 대한 주장이 있는 유물론이다. 만일 우리의 출발점이 영원한 이데아의 질서라면 어떻게 시간적으로 유한한 현실을 설명할 것인가가 문제인 관념론과 대조적으로, 유물론의 문제는 유한한 역사적 상황에서 포착한 인민의 활동에서 영원한 이데아eternal Idea가 발생하는 것을 어떻게 해명할 것인가이다.[11]

비록 남의 글에 편승하기는 하지만, 인용된 지젝의 서술은 그가 옹호하는 변증법적 유물론의 핵심을 명료하게 드러내고 있다. 우선 그가 "포스트들뢰지언의 영적인 '생동하는' 물질에 대한 주장"을 언급하는 것으로 볼 때, 지젝의 변증법적 유물론이 신유물론의 대표주자인 **생기론적 유물론**vitalist materialism을 논적으로 삼고 있다는 것을 알 수 있다.[12] 다소 놀랍게도, 지젝의 변증법적 유물론은 물질을 녹여 버리는 염산과도 같은 유물론이다. 게다가 그것은 이데아가 실재한다고 주장하기까지 한다. 유한한 역사 속에서 영원한 이데아가 솟아나온다고 주장하는 유물론인 것이다.

지젝이 말하는 변증법적 유물론이 무엇인지는 충분히

11 슬라보예 지젝, 《분명 여기에 뼈 하나가 있다》, 정혁현 옮김, 인간사랑, 2016, 123.

12 생기론적 유물론에 대해서는 이 책의 2부 4장 '제인 베넷: 물질적으로 살아 있는'에서 상세히 다룬다.

명료하지만 왜 그것이 하필 유물론이어야 하는지는 여전히 알 수 없다. 지젝에게서 변증법적 유물론은 그저 물질의 소멸로만, 즉 형이상학적 실체로서 물질에 대한 부정으로만 이해될 뿐이다. 그런데 앞으로 더 자세히 살펴보겠지만 생기론적 유물론을 비롯한 여러 신유물론들도 "완전히 실체적인 존재로서 물질이라는 형이상학적 관념"을 부정하기는 마찬가지다. 따라서 형이상학적 실체로서의 물질에 대한 부정만 가지고는 변증법적 유물론을 생기론적 유물론으로부터 차별화할 수 없다. 게다가 다양한 신유물론은 완전한 실체라는 물질의 관념을 부정한 이후에도 새로운 물질성을 주장함으로써 여전히 유물론일 수 있다. 그런데 지젝은 형이상학적 실체로서의 물질을 대신할 수 있는 물질에 대한 어떤 적극적인 존재론도 제시하지 않는다. 그는 그저 물질에 대한 실체적 관념을 부정하고 물질 없는 유물론을 선언할 뿐인데, 단지 물질에 대한 실체적 관념을 부정한다고 자동적으로 유물론이 되는 것은 아니다. 물질이 무엇인지 그것이 무엇을 할 수 있는지에 대한 아무런 대안적 존재론도 없이 물질을 부정하기만 하는 것은 유물론보다는 오히려 관념론에 더 가깝지 않은가? 이러한 의심에 기름을 끼얹는 것은 지젝의 변증법적 유물론이 그의 말마따나 적극적으로 "관념론적 유산을 포함한다"는 사실이다. 지젝에게서 긍정되는 것은 물질이 아니라 오히려 이데아와 같은 관념 또는 이상ideal이다. 물질의 실체성을 부정하면서 이상의 실재성을 긍정하려는 이러한 노력은 변증법적 '관념론'에 더 어울리지 않는가? 비록 유한한 역사에서 어떻게 영원한 이데아가 출현하는지를 다룬다고 해도, 여전히 그것이 왜 유물론인지는 알기 어렵다. 그것은 어떤 정치적 이상들의 담론적이고 역사적인 구성에 대한 이론 이상일 수 있는가? 지젝이 말하는 유한한 역사란 물질의 역사인가 아니면 담론의 역사인가? 물질의 역사라면 그 물질은 정확히 무엇인가? 담론의 역사라면, 그로부터 이데아의 발생을 설명하는 일이 정확히 어떤 의미에서 유물론이란 말인가?

조정환 또한 유사한 문제를 지적한다. 조정환은 유물론에 대한 지젝의 정의를 문제 삼는다. 지젝에게 유물론이란 "의미-사건 층위의 자율성에 대한 단언"과 다름없다.[13] "몸의 거세(몸 없음), 물질의 소멸, 유일한 실재인 무, 부정성, 물체적 원인들의 그물망이 아니라 순수한 초월적 변용 능력, … 이것이 지젝의 유물론의 어휘 목록들이다."[14] 나아가 지젝은 "근본적인 유물론자의 자세는 그 어떤 세계도 없다고, 그 전체에 있어서의 세계는 무라고 단언하는 자세"라고 주장한다.[15] 그런데 몸 없음이나 물질의 소멸, 부정성 같은 단어들이 왜 유물론의 열쇠 말이라는 말인가? 몸은 없고 물질은 소멸한다고 주장해야 진정한 유물론이라는 말인가? 전체로서 세계 같은 것은 존재하지 않는다고 호기롭게 선언하는 게 유물론과 무슨 상관인가? 관념론은 전체로서 세계를 부정할 수 없다는 말인가? 조정환에 따르면 지젝이 이렇게 기이한 방식으로

13 슬라보예 지젝, 《신체 없는 기관: 들뢰즈와 결과들》, 김지훈, 박제철, 이성민 옮김, 도서출판 b, 2006, 71.

14 조정환, 《개념무기들: 들뢰즈 실천철학의 행동학》, 갈무리, 2020, 233.

15 슬라보예 지젝, 앞의 책, 57.

유물론을 정식화할 수 있는 것은 그가 들뢰즈가 말하는 잠재적인 것을 자신이 말하는 상징적인 것으로 바꿔 쳤기 때문이다. "잠재적인 것은 궁극적으로 상징적인 것 자체가 아닌가?"[16] 지젝은 들뢰즈의 유물론에서 잠재적인 것이 핵심이라는 사실을 올바르게 파악하지만, 곧바로 그것을 물질과는 아무 상관없는 상징적인 것으로, 따라서 몸이 거세되고 물질이 소멸한 뒤에 남는 부정성, 무, 의미-사건의 층위로 전유해 버린다. 잠재적인 것을 그렇게 이해한다면 물질이나 물체, 신체에 대해서는, 즉 현실적으로 주어진 물질적 세계에 대해서는 그것이 전부가 아니라는 말 외에 달리 할 말이 없을 것이다. 정의상 현실적인 물질적 세계에는 잠재성이 빠져 있을 수밖에 없기 때문이다. 조정환은 지젝의 문제를 다음과 같이 지적하고 있다.

> 사실상 물질적인 것과 비물질적인 것 사이에서 잠재적인 것의 긴장된 위치를 간단히 비물질적인 것으로 이동시켜 버리고 몸(물질, 생산 등등)을 손쉽게 청산하고 있는 것은 정작 지젝 자신이다. 그는 객관주의적 유물론의 한계를 옳게 지적하지만 **물질 개념의 혁신이라는 절실한 과제**를 회피하고 만다. 그래서 지젝의 유물론은 그 자신이 '관념론과의 타협이 아니다'라는 변명을 하지 않으면 안 될 수준으로, 그래서 '포스트-형이상학적 관념론'이라고 부르고 싶은 충동을 금하기 어려울 수준으로

16 슬라보예 지젝, 앞의 책, 18.

미끄러져 내려간다.[17]

지젝의 사례는 물질 없는 유물론이 결국 일종의 유사-유물론이자 유물론적 수사로 위장된 관념론이 될 공산이 크다는 사실을 보여준다. 다른 곳에서 지젝은 자신의 유물론이 관념론에 연루된다는 점을 극구 부인하지만, 독일 관념론의 계승에는 강박적일 정도로 매달리면서도 정작 물질에 대해서는 소극적이고 부정적인 반응으로 일관하는 그러한 입장이 어떻게 위장된 관념론이 되지 않을 수 있는지 알기 어렵다. 지젝은 특유의 역설적이고 도발적인 논법을 구사하여 '오직 헤겔적 관념론자만이 진정한 유물론자가 될 수 있다!'고 말할 수 있을 것이고 또 그의 작업들을 볼 때 실제로 그렇게 주장하고 있는 것으로 보인다. 그러나 그런 식의 전복과 도발이 유사-유물론이나 위장된 관념론의 혐의를 벗길 만한 논증적인 힘을 가질 것 같지는 않다. 그의 방대한 저술과 박식함에도 불구하고, 지젝의 작업을 면밀하게 살펴보면 볼수록 그가 정말 헤겔의 관념론 속에 감춰진 유물론의 핵심을 드러내고 있는 것인지 거꾸로 유물론의 요점을 헤겔의 관념론 속에서 상실하고 있는 것인지 분간이 되지 않기 때문이다.

신유물론은 이러한 탈물질화 경향에 맞서 **유물론의 재물질화** rematerialization of materialism를 지향한다. 근래 유물론이라고 불리는

17 조정환, 앞의 책, 234-235. 강조 추가.

논의들에서 물질 또는 물질적인 것이라는 표현을 찾기란 어렵지 않지만 정작 그 표현들이 정확히 무엇을 지시하는지는 대체로 불분명하다. "이론의 '유물론적 전회'와 더불어 아무튼 물질이 증발하였기에 우리에게는 단지 언어와 문화, 담론성만 남게" 되었으며 "그 옹호자들 사이에서는 유물론이 물질적인 것과는 전혀 관련이 없는 예술 용어가 되어 버린 것처럼 보이곤 한다. … 유물론 속 어디에서 유물론이 있는지 의아하다."[18] '물질'이나 '유물론'이라는 말이 지시체를 상실한 채 유령처럼 여기저기서 중구난방으로 출몰하고 있는 것이다. 이런 경향이 문제적으로 보이지 않는 이유는 그것이 비판적 인문/사회과학에서 이미 너무나 팽배한 나머지 다들 그것을 당연시했기 때문이다. 앞서 지젝에게서 확인할 수 있었듯이 이젠 탈물질화가 오히려 유물론보다 더 유물론적인 것으로 상찬받는다. 물질에 대한 적극적인 존재론이 없더라도 얼마든지 유물론을 할 수 있으며 심지어 그런 존재론을 의심하고 해체하는 작업이 더 유물론적이라는 것이다. 그러나 만약 누군가가 관념 없는 관념론 idealism without ideas이야말로 진정한 관념론이라고 한다면, 그래서 관념론의 탈관념화를 열렬하게 옹호한다면 이런 주장은 받아들이기 상당히 곤란할 것이다.[19] 유물론의 탈물질화도

18 레비 브라이언트, 앞의 책, 18.

19 루다는 바디우에 대한 책 제목을 "관념론 없는 관념론"이라고 지었는데 여기서 관념론 없는 관념론이란 관념론이 아니라 오히려 유물론을 말하는 것이다.(Frank Ruda, *ibid*.)

마찬가지다. 유물론은 물질에 관한 것이며, 물질에 관한 것이어야 한다. 신유물론은 무엇보다도 물질에 관한 적극적인 존재론이고자 한다. 노동의 대상이나 수단으로 환원되지 않고 담론의 소재로 축소되지도 않는 물질의 작용을 적극적으로 설명하고 분석함으로써 조정환이 말하는 "물질 개념의 혁신이라는 절실한 과제"를 떠맡고자 하는 것이다. 신유물론은 물질을 되찾은 유물론, 물질에서 출발하는 유물론이다.

유물론의 재물질화는 탈물질화의 단순한 뒤집기가 아니다. 신유물론은 물질적인 것을 다시 끌어들이지만 그렇다고 인간의 활동이나 담론적 구성을 부정하거나 배제하지 않는다. 물질에 대한 새로운 존재론은 역사유물론이나 사회구성주의를 배제하기는커녕 오히려 그들을 '통과'하고 '관통'함으로써, 즉 횡단함으로써 가능해지는 것이다. 신유물론은 어떤 것과도 쉽사리 절연하지 않으며 어떤 것과도 함부로 대립하지 않는다.

> [신유물론은] 반드시 소박한 또는 역사적/마르크스주의적인 유물론의 전통에 대립하지 않는다. 또한 신유물론이 다른 유물론적, 실증적 또는 일원론적 전통과 반드시 달라야 하는 것도 아니다. 왜냐하면 신유물론은 대립의 덫과 함께 시대착오의 덫에 걸리지 않기 위해 … 신중하게 이 모든 전통들을 '훈습하기'works through 때문이다. 신유물론은 이 모든 지적 전통들에 '그래, 그리고'라고 말한다. 그러면서 그들 모두를 횡단하며, 결국 오늘날의 학계에 상당히 강력하고도 신선한 리듬을 하나씩 하나씩

창조하는 사유의 노선을 만들어 낸다.[20]

이렇게 인간의 활동과 더불어 물질의 작용을 긍정하고 담론적인 것에 더하여 물질적인 것을 적극적으로 파고들다 보면 물질들이 둘 사이를 **가로지르고** 있다는 사실을 발견하게 된다. 이것이 바로 **횡단성**이다.[21]

원래 횡단성은 정신분석가였던 과타리가 정신분석의 전이 transference 개념을 비판하면서 고안한 개념인데, 들뢰즈는 《프루스트와 기호들》Proust et les signes에서 이를 받아들여 더욱 발전시킨다. 거기서 들뢰즈는 이질적이고 독립적이며 소통되지 않는 부분들 사이에서 성립하는 "근본적인 의미가 결핍된,

20 릭 돌피언, 이리스 반 데어 튠, 앞의 책, 128. 번역은 일부 수정했다. 또한 다음 서술도 참조하라. "들뢰즈와 과타리가 말한 바처럼, 그와 같은 주류 역사 기술론은 신유물론에 의해 그다지 많이 비판되지 않는다. 그 대신 그들은 자주 대안적인 새로운 경로들의 출현을 야기하는 비주류 역사 기술론과의 관계 안에서 독해되고 있다. 신유물론의 유물론이 배타적이지 않다는 것은 바로 이런 의미이다."(앞의 책, 129.) 신유물론은 횡단적일 뿐 배타적이지 않다. 그러므로 "신유물론은 아카데믹한 (신-)학제들 (이를테면 페미니즘 이론, 과학과 기술 연구들, 그리고 미디어와 문화 연구들), 패러다임들 (예를 들어 오늘날 여전히 문화 이론을 지배하고 있는 소쉬르/라캉적 언어학 또는 자연과학과 인문학에 대한 이원론적 해석들) 그리고 전통적으로 인식론적 경향에 할당된 선형적 시공간들(예컨대 '신'유물론 대 벤야민에 의해 수행된 마르크스주의 역사유물론)을 가로지른다."(앞의 책, 143.) 신유물론과 역사유물론의 관계에 대해서는 Diana Coole, "Agentic Capacities and Capacious Historical Materialism: Thinking with New Materialisms in the Political Sciences", *Millennium: Journal of International Studies*, vol. 41, no. 3, 2013, 451-469를 참조하라.

21 릭 돌피언, 이리스 반 데어 튠, 앞의 책 5장 '신유물론의 횡단성'을 참조하라.

통계적일 뿐인 전체성"을 말한다.[22] 부분들은 소통되지 않고, 그래서 앞뒤가 막힌 관에 빗댈 수 있지만, 그럼에도 불구하고 그들 사이에는 직접적 소통이나 총체화와는 다른 "어떤 통행 체계"système de passage가 존재한다는 것이다.[23] 들뢰즈는 이 통행 체계를 횡단선들transversales이라고 부른다.

> 이 횡단선은… 하나의 세계에서 다른 세계로, 하나의 단어에서 다른 단어로 건너뛰게 해 준다. 그러면서도 이 횡단선들은 결코 다자(多者, le multiple)를 일자(一者, l'Un)로 환원시키지 않고, 다자를 하나의 전체로 그러모으지 않는다. 그러나 그것들은 이 **다자의 매우 독특한 통일성**을 확립하고, 전체로 환원할 수 없는 이 [모든] 파편들을 **합병하지 않은 채로 그 각각을 긍정**한다. 질투는 다양한 사랑들의 횡단선이고, 여행은 다양한 장소들의 횡단선이며, 잠은 다양한 시절들의 횡단선이고, 여행은 다양한 장소들의 횡단선이다. … 그러므로 여행은 장소들이 서로 소통하게 해 주지도 않고 장소들을 결합하지도 않는다. 오로지 장소들이 가진 〈차이〉 자체만을 모든 장소들에 공통적인 것으로 확립할 뿐이다. (이 [모든 장소들에] 공통된 확립은 확립된 차이와 다른 차원에서, 즉 횡단선에서 이루어진다.)[24]

22 질 들뢰즈, 《프루스트와 기호들》, 서동욱, 이충민 옮김, 민음사, 2004, 193.
23 질 들뢰즈, 앞의 책, 194.
24 질 들뢰즈, 앞의 책, 194-195. 강조 추가.

횡단성은 쉽게 말해 경계를 돌파하는 운동이자 그 운동을 통해 만들어진 구성물이라고 할 수 있다. 가로지르기이자 동시에 그 결과인 것이다. 둘 사이를 가로지르는 것은 어느 한쪽에만 '머무르지 않고' 항상 다른 쪽으로 '나아간다.' 어느 한쪽에 머무르지 않으므로 그것은 어느 한쪽을 통해서만 정의될 수 없다. 언제나 다른 쪽으로 나아가므로 그것은 다른 쪽을 항상 포함해야만 한다. 가로지르는 것은 가로질러진 것들 **사이에 걸쳐 있다**. 이 때문에 그것은 어느 한쪽에만 속할 수 없다. 이렇게 양쪽에 걸쳐 있지만 어느 쪽에도 속해 있지 않기 때문에 그것은 이분법적 범주의 불완전성과 우연성을 드러낼 수 있다. 이처럼 횡단적인 것은 단일하게 존재하는 게 아니라 다중적으로 생성되며, 동질적으로 주어지는 게 아니라 이질적으로 구성된다. 횡단적인 것이 "다자의 매우 독특한 통일성", 즉 일종의 특이성인 이유가 여기에 있다. 이 특이성은 무어라 딱 잘라 규정할 수 없다는 점에서 "근본적인 의미가 결핍"되어 있으며 기껏해야 어느 '정도'로만 규정될 수 있을 뿐이라는 점에서 "통계적"이다. 무엇이 무엇을 어떻게 가로지를지 미리 정해진 바도 없다. 횡단성을 규정하는, 미리 주어진 초월적 본질 같은 것은 없는 것이다. "조각 난 우주에서는 조각들 모두를 한데 뭉치는 로고스는 없다. 그러므로 조각들을 하나의 전체에 합체하는 법도 없으며, 되찾거나 만들어 내야 할 전체도 없다."[25] 그렇게 차이 나는 것들을 가로지르고

25 질 들뢰즈, 앞의 책, 201.

그들 사이에 걸쳐 있더라도 가로질러진 것들의 차이는 그대로 남는다. 이 점에서 횡단성은 횡단된 것들을 "합병하지 않은 채로 그 각각을 긍정"하며 다양한 장소들을 하나로 만들지 않은 채 그저 "〈차이〉 자체만을 모든 장소들에 공통적인 것으로 확립" 하는 것이다. 횡단성은 **총체성 없는 통일성**인 셈이다. 횡단은 동일성이나 일자를 만들어 내는 유기적 종합도 아니다. 횡단은 **종합 없는 구성**이고 이 구성에는 어떤 초월적인 본질이나 일자도 개입하지 않는다.

그렇다면 물질이 무엇을 어떻게 횡단하고 있다는 말인가? 앞서 살펴보았던 H_2O 분자들은 다시 살펴보자. 마을 근처에 대량으로 모여 있는 액체 상태의 H_2O 분자들은 아무런 의미 없는

신유물론과 일원론(monism)의 관계는 단순하지 않다. 신유물론자들은 종종 자신들의 입장을 일원론으로 묘사하곤 한다. 그러나 신유물론의 핵심이 횡단성이고 횡단성이 일자와는 무관하며 오히려 일자 없이 이루어지는 통일과 구성의 운동이라면, 신유물론을 일원론적이라고 부르는 데 좀 더 신중을 기해야 할 것이다. 왜냐하면 일원론은 항상 일자의 존재론으로 이해될 위험이 있기 때문이다.

그러므로 신유물론을 두고 일원론적이라고 할 때 그 일원론은 결코 일자의 일원론이 아니라 반드시 다자의 일원론으로 해석되어야 한다. 나아가 신유물론의 횡단성을 고려한다면 신유물론은 일원론적이기보다는 횡단적이라고, 더 정확히 말해 탈-이원론적이라고 말해야 할 것이다.

물질 덩어리가 아니다. 그것은 언제나 '호수'로 또는 '식수원' 이나 '낚시터' 등으로 받아들여질 것이다. 이처럼 물질은 언제나 무언가로 인식되거나 표상된 물질, 담론 속에서 무언가로 말해지고 생각되는 물질, 즉 어떤 의미meaning를 가지는 물질이다. 호수를 보면서 사람들은 마실 물을 뜨거나 낚시를 할 수 있다는 것을 알 것이다. 이렇게 의미를 실어 나른다는 점에서 호수의 H_2O 분자들은 일종의 기호라고 할 수 있다.[26] H_2O 분자들은 언제나 물질적으로는 물론 기호적으로도 작용한다는 점에서 **물질-기호적**material-semiotic이다.[27] 그러나 물질이 의미를 가진다는 말이 그것이 필연적으로 특정한 의미만을 가져야 한다는 말은 아니다. 호수라고 해서 필연적으로 식수원이나 낚시터를 의미할 필요는 없다. 호수의 물고기들에게 H_2O 분자들이 가지는 의미는 인간에게 공기 분자들이 가지는 의미와 비슷할 것이다. 그리고 물질로서의 H_2O 분자들과 그들의 의미는 현실에서 발견되는 어떤 공통성을

26 해러웨이는 기호 작용(semiosis)을 의미를 만드는 과정 일반을 가리키는 말로 사용한다. 그에 따르면 모든 실재에 관한 탐구는 기호 작용의 매개를 거쳐 이루어질 수밖에 없다. Donna Haraway, *The Haraway Reader*, New York and London: Routledge, 2003, 201.

27 Donna Haraway, "Situated Knowledges: The Science Question in Feminism and the Privilege of Partial Perspective", *Feminist Studies*, vol. 14, no. 3, 1988, 575-599. 여기서 해러웨이는 지식의 대상으로서의 신체들을 "물질-기호적인 생성적 매듭"이라고 한다. 또한 ANT에서도 물질-기호학은 중요하게 다루어진다. ANT의 물질-기호학에 대해서는 다음의 논문을 참조하라. John Law, "Actor-network theory and material semiotics" in Bryan S. Turner, *The New Blackwell Companion to Social Theory*, Oxford: Blackwell, 2008, 141-158.

통해 하나로 묶이지 않는다. 그럼에도 불구하고 그들은 언제나 함께한다. 이처럼 H_2O 분자들의 물질성과 그들의 의미는 총체가 되지 않은 채 통일되며, 종합되지 않고서 H_2O 분자들의 중요한 측면들을 구성한다. H_2O 분자들은 순전히 물질적이지도, 순전히 기호적이지도 않다. 그들은 물질과 의미 사이에 걸쳐 있으며 그들의 경계를 가로지르고 있다.

그러나 물질이 물질적이면서 동시에 기호적이라는 점보다 더 중요한 것은 그 둘의 관계다. 물질이 변하면 그 의미도 변한다. 겨울이 되면 H_2O 분자들은 고체 상태로 스스로를 재조직하고 호수는 얼어붙어 빙판이 된다. 이렇게 재조직된 H_2O 분자들은 더 이상 식수원이나 낚시터로 받아들여질 수 없다. 그들은 호수 너머로 가로질러 갈 수 있는 지름길 또는 썰매를 타거나 미끄러지면서 놀 수 있는 놀이터를 의미할 것이다. H_2O 분자들의 물질적 구성이 변하자 그들의 의미도 변화한 것이다. 반대로 의미가 변하면 물질도 변한다. 얼어붙은 호수를 여전히 식수원이나 낚시터로 받아들이는 사람들은 빙판을 깨거나 녹여서 다시 물을 뜨고 낚시를 할 것이다. H_2O 분자들이 의미를 바꾸자 그들의 물질적 구성이 변한 것이다. 이처럼 H_2O 분자들의 상태 변화는 의미 변화로 이어지며 그들의 의미 변화는 상태 변화로 연결된다. 호수를 구성하는 H_2O 분자들이 지름길이나 놀이터라는 의미를 가지는 이유는 그들이 스스로를 고체 상태로 재구성했기 때문이다. 그들이 계속 액체 상태로 남았더라면, 그들은 여전히 식수원이나 낚시터를 의미했을 것이다. 반대로 호수의 H_2O

분자들이 고체 상태로 스스로를 재구성할 수 있는 것은 그들이 지름길 또는 놀이터로 의미화되었기 때문이다. 만약 그들이 식수원이나 낚시터를 의미했더라면, 그들은 적어도 완전히 고체 상태에 있지는 못했을 것이다. 이렇게 서로가 서로를 구성한다는 의미에서 물질과 의미는 **공-구성적**co-constitutive이다. 물질은 물질 작용과 기호 작용을 동시에 하는 물질-기호적 행위자일 뿐만 아니라 두 작용이 분리 불가능하게 서로 얽혀 있는 물질-기호적 매듭이다.[28] 물질은 언제나 기호로 작용한다는 점에서 그저 물질일 수는 없지만 또한 물질로 작용한다는 점에서 순수한 기호일 수도 없다. 반대로 그것은 물질로 작용하면서도 언제나 그와 동시에 기호적이다. "신유물론 패러다임의 핵심은 '물질-담론적' 또는 '물질-기호론적'인 것에 대한 강조"라고 할 수 있다.[29]

물질은 물질과 의미만 횡단하는 게 아니다. 그들은 자연과 문화도 가로지른다. 호수는 그저 호수로 남지 않는다. 마을 사람들이 거기서 물을 뜨거나 낚시를 하기 시작하는 순간부터

28 이 때문에 해러웨이는 물질과 기호의 분리 불가능성을 강조한다. "물질-기호는 한 단어다." (Donna Haraway, *ibid.*, 201.) 이러한 물질-기호 관계는 "물질성과 기호 현상의 접촉점"이나 "물질화된 기호 현상"으로 표현되기도 한다. 다나 J. 해러웨이, 《한 장의 잎사귀처럼: 사이어자 N. 구디브와의 대담》, 민경숙 옮김, 갈무리, 2005, 148. 또한 그녀는 다음과 같이 말한다. "저는 결국 "물질적-기호적 실재물들"이라는 어구에 동의하게 되었어요. 제가 설명하고 있는 과정이라는 것이 결국 "물질적-기호적 실재물들"이고, 이 어구는 물질성과 기호 현상의 절대적인 동시성을 강조하니까요. 깊은 우발적인 성질뿐 아니라 이 두 개 요소들이 서로에게서 탈출할 수 없음을 강조하지요." (앞의 책, 217.)

29 릭 돌피언, 이리스 반 데어 튠, 앞의 책, 157.

호수는 마을 사람들에 의해 적어도 부분적으로 가공되는 것이고 따라서 다소간 문화적 영향을 받는다. 가령 호수 바닥에는 마을 사람들이 버린 쓰레기가 있을 것이다. 마을 사람들이 낚시를 얼마나 하는지에 따라 호수의 생물량이나 수질이 달라지기도 할 것이다. 겨울에 호수가 빙판이 되어도 마찬가지다. 빙판은 자연발생적 현상일지 몰라도, 마을 사람들이 그 위를 가로질러 가거나 썰매를 타기 시작하면서 그 빙판은 부분적으로 변화를 겪을 것이다. 마을 사람들이 자주 빙판 위를 걸어가거나 썰매를 탄다면 빙판 일부의 두께도 영향을 받을 것이다. 호수나 빙판을 구성하는 H_2O 분자들은 애당초 주어져 있었다는 점에서 순전히 인공물이라 할 수 없지만, 이미 인간에 의해 침범당하고 직간접적으로 이용당하고 있다는 점에서는 순수한 자연물이라고 할 수도 없다. 이런 물질은 자연에만 속하지 않으며 문화에만 속하지도 않는다. 물질은 자연을 벗어나 문화로 나아가고 반대로 문화를 벗어나 자연으로 나아간다. 말하자면 그들은 자연적이지만 순전히 주어진 것은 아니며 문화적이지만 완전히 구성된 것은 아닌 것이다. 그들은 자연과 문화를 횡단하는 **자연문화**natureculture 다.[30] H_2O 분자들은 자연과 문화를 가로지르지만 어떤 자연에 어떤 문화적 처리가 가능한지는 미리 결정되어 있지 않다. 가령 호수에

30 Donna Haraway, *The Companion Species Manifesto: Dogs, People, and Significant Otherness* Chicago: Prickly Paradigm Press, 2003. 국역본은 도나 해러웨이, 《해러웨이 선언문: 인간과 동물과 사이보그에 관한 전복적 사유》, 황희선 옮김, 책세상, 2019.

쓰레기를 버릴 수도 있지만 반대로 호수 바닥을 청소할 수도 있다. 빙판에서는 썰매를 탈 수도 있지만 얼음 조각을 할 수도 있다. 이 모든 가능성에도 불구하고, 자연 현상과 문화 현상은 한통속으로 묶이지 않는다. 호수와 그 속에 남겨진 쓰레기 사이에 현실적인 공통성이 하나도 없는데 어떻게 그들이 '하나로 어우러질' 수 있겠는가? 호수가 어는 것과 그 위에서 인간이 썰매를 타는 것은 모두 빙판을 구성하는 활동들이지만, 그들이 결코 하나로 묶일 수 없다는 것은 분명하다. 자연문화는 이처럼 통일적이지만 총체적이지는 않으며, 구성되지만 종합되지는 않는다.

찾아보면 물질-기호적인 것 또는 자연문화적인 것의 사례는 많다. 대표적으로 물질-기호적이며 자연문화적인 물질은 신체다. 사람들은 비장애인의 신체적 특징들을 보고서 그를 신체적으로는 평균적인 인간으로 알 것이고, 이때 그의 몸은 생물학적 물질이면서 동시에 평균성을 의미하는 기호가 된다. 그러나 그가 만약 장애를 갖게 되어 신체적 특징들이 변한다면, 그의 몸은 평균이 아니라 예외로 받아들여질 것이다. 반대로 사회의 인식과 담론이 바뀌면서 평균으로 인식되던 특징들이 예외로 취급된다면, 그 특징들은 '교정'이나 '치료'의 압력을 받을 것이다. 가령 이전까지는 아무렇지 않던 체형이 갑자기 굽거나 비틀어진 것으로 여겨진다면, 그 신체는 의료기관과 빈번하게 접속하게 될 것이고 교정이나 치료를 위한 물질과 더 자주 접촉하면서 다른 방식으로 구성될 것이다. 변화된 의미의 기입inscription에 몸이 반응하는 것이다. 이처럼 신체는 의미에 따라 물질화되고 물질에 따라 의미화되는 물질-기호적 매듭이다.[31] 또한 신체를 구성하는 물질은 진화의 산물이지만 태어날 때부터 죽을 때까지 신체에 개입하는 인공적 처치들 가령 백신, 약물, 크고 작은 시술들은 문화의 산물이다. 신체에 대해 그것이 타고난 것인지 만들어진 것인지 묻는 것은 무의미한 일이다. 신체는 문화적으로 유지되고 발달한 자연이자 자연적으로 제약되고 조절된 문화, 즉 자연문화다.

팬데믹은 어떨까? 약한 전염력을 가진 바이러스는 관리가 필요한 새로운 계절성 질환으로 받아들여질 것이다. 그러나 단백질 구조가 바뀌어 강한 전염력을 가진 변종 바이러스가 된다면, 그 바이러스는 이전과는 달리 치명적인 역병의 요인이자 사회를 재구성하는 변화의 원인으로 표상될 것이다. 반대로 바이러스에 대한 과학적, 사회적 담론이 바뀌어 그 위험성이 과소평가된다면, 방역이라는 물질적 절차는 점점 느슨해질 것이고 이 틈을 타 변종 바이러스가 출현할 위험도 커질 것이다. 이와 같이 바이러스의 물질적 구성이 바뀔 때 그 의미가 변하고, 바이러스의 의미가 변할 때 그 물질적 구성도 변한다면, 그것을 물질-기호적 매듭이라고 하지 않을 이유가 없다. 또한

31 해러웨이에 따르면 신체만이 아니라 "태아, 칩/컴퓨터, 유전자, 인종, 생태계, 두뇌, 데이터베이스, 폭탄은 기술 과학이라는 몸의 줄기세포이다. 이 흥미로운 물체들 각각은 기술 과학이라는 용광로 속에서 이질적 실천에 의해 최근에 주조된 구성물, 혹은 물질적-기호적 '지식 대상'이다." 다나 J. 해러웨이, 《겸손한_목격자@제2의_천년.여성인간Ⓒ_앙코마우스TM를_만나다: 페미니즘과 기술과학》, 민경숙 옮김, 갈무리, 2007, 264.

바이러스는 자연발생적이라는 점에서는 자연 현상이겠지만, 모든 자연발생적인 바이러스가 팬데믹이 되지는 않는다. 인류가 어떻게 대응하는지에 따라 바이러스는 박멸될 수도 있고 급속도로 퍼져서 팬데믹이 될 수도 있다. 바이러스의 전염력이 얼마나 강한지에 따라 방역의 수준과 방식이 정해지겠지만 반대로 어떻게 방역을 하는지에 따라 바이러스의 전염력도 달라질 것이다. 팬데믹은 순전히 자연재해라고 할 수 없지만 그렇다고 순전히 인재라고 할 수도 없다. 그것은 동시에 언제나 부분적으로는 자연의 탓이지만 부분적으로는 인간 사회의 탓이다. 팬데믹도 자연문화다.

생물과 환경 모두가 자연문화다. 가축이 자연적인지 문화적인지를 따져 본다고 해서 명쾌한 답이 나올 것 같진 않다. 생존 여부가 전적으로 인간의 개입에 달려 있는 보호종 동물은 인공적으로 '제조'되는 것이나 다를 바 없을 것이다. 그들은 어떤 측면에서는 야생동물보다는 오히려 실험동물과 더 유사하다. 인간의 혈액은 물론 심해어들의 몸에서도 다량의 미세플라스틱이 검출되고 있고, 수십 년 된 플라스틱 잔해가 해안가의 암벽을 구성하고 있다. 인류세anthropocene를 주장하는 이들은 문명에 의해 만들어진 물질의 총체, 즉 기술권technosphere의 영향력이 지층의 생성에까지 개입하고 있다고 주장한다. 그들은 현재의 지층은 생명권biosphere이나 수권hydrosphere, 대류권troposphere은 물론 기술권에 의해서도 구성되기 때문에 방사성 물질, 플라스틱, 콘크리트, 심지어 닭뼈까지도 지층의 형성 요인으로 취급해야 한다고 주장한다. 인류세의 지층들은 지층 형성 작용만으로도 인간 활동의 결과만으로도 완전히 설명되지 않는다. 여기에 기후 변화까지 고려한다면, 모든 자연은 '사람 손을 탄' 자연이라고 해도 무방할 정도다. 이 모든 사례들은 자연적이라고 하기에는 이미 다소간 인위적이고, 인공적이라고 하기에는 이미 상당 부분 자연적이다. 결국 자연문화적 서식지에서 자연문화적 인간이 자연문화적 생물들과 함께 서식하고 있는 셈이다.

물질과 의미, 자연과 문화가 횡단된다고 해서 그러한 횡단에 어떤 긴장이나 갈등, 불화나 적대도 없는 것은 아니다. 횡단은 통일하지만 총체화하지는 않고, 구성하지만 종합하지는 않기 때문이다. 물질은 물질적으로 작용하면서 동시에 의미를 체현하지만, 물질과 그것이 체현하는 의미가 항상 조화롭고

핵에너지도 물질-기호적이다. 원자력 발전이 안전하게 이루어지면, 핵에너지는 최고로 효율적인 에너지라는 의미로 받아들여질 것이다. 그러나 원전 사고가 일어나 대참사가 발생한다면, 핵에너지는 최고로 위험한 에너지로 인식될 것이다. 반면에 핵에너지가 엄격하게 관리하지 않아도 되는 깨끗하고 안전한 에너지라는 인식이 퍼진다면, 원전 관리는 갈수록 허술해질 것이고 이는 결국 사고로 이어질 것이다. '예정된 사고였다'라는 표현은 바로 이런 상황을 이르는 말이다. 핵에너지를 어떤 의미로 받아들이는지에 따라 그것이 물질적으로 작용하는 방식이 좌우되는 것이다. 핵에너지는 자연문화적이기도 하다. 그것은 자연에 존재하던 것이라는 점에서 자연적으로 주어진 것이지만 기술적으로 가공되지 않는다면 무의미하다는 점에서 기술적으로 구성된 것이기도 하다. 그것은 순전히 인위적으로 만들어진 것은 아니지만 그렇다고 순수하게 자연적이지도 않다.

안정적인 것은 아니다. 물질이 의미를 체현하는 과정에는 저항과 불화의 계기가 항상 존재한다. 신체에 대한 사회적 담론이 바뀌면서 특정한 체중이 건강하지 못한 것, 흉한 것으로 받아들여진다면, 그 체중을 가진 사람은 자신의 신체가 그런 식으로 받아들여지는 것에 저항할 수 있다. 반대로 그런 의미를 과도하게 인식한다면, 그의 신체는 무리한 다이어트나 거식증 등을 겪을 수 있다. 보호종이 성공적으로 번식하고 환경에 적응했는데도 불구하고 계속 보호되어야 할 것으로 인식된다면, 과도한 번식으로 인해 환경과 다른 생물종에게 해가 됨은 물론 먹이 부족과 오염 등으로 보호종 자신에게도 문제가 생길 수 있다.

자연과 문화 사이를 가로지르는 일도 언제나 쉽지만은 않다. 강을 막아 만든 댐은 자연물이기도 하고 인공물이기도 하다. 그러나 댐은 강물의 흐름을 막음으로써 강의 수질을 떨어뜨리고 지역의 생물 분포에 영향을 미친다. 반대로 강은 댐에 가공할 수압을 행사함으로써 댐을 낙후시키고 지역 주민들을 수몰 위험에 처하게 한다. 백신을 맞은 신체는 유전적 요인에 의해 심한 부작용을 겪을 수 있다. 장애인이라면 보조 기구에 익숙해지는 과정에서 누구나 겪는 신체의 변형과 염증, 동물의 가축화 과정에서 일어나는 각종 질병과 환경오염은 자연과 문화의 횡단이 결코 언제나 평화롭거나 긍정적이기만 한 것은 아니라는 점을 분명하게 보여준다. 자연문화에는 자연문화만의 문제들이 있는 것이다. 어떤 사안을 자연문화적으로 볼수록 거의 항상 문제가 그리 간단치 않다는 사실을 알게 된다. 횡단성은 갈등과 불화, 적대의 변증법으로부터 결코 안전하지 않은 것이다. 이미 해러웨이는 사이보그 신체의 존재론을 두고 다음과 같이 말한 바 있다. "사이보그 신체는 순수하지 않다. 에덴에서 태어나지 않았기 때문이다. 사이보그 신체는 통합적 정체성을 추구하지 않기에 **종말 없는 (또는 세계가 끝날 때까지) 적대적 이원론**을 발생시키며, 아이러니를 당연하게 받아들인다."[32]

횡단성은 다양한 학문 분과들의 연구 방식에도 영향을 미친다. 물질 현상에 이미 모종의 의미가 작용하고 있다면, 물질 현상만을 따로 떼어서 이해하는 데는 한계가 있을 것이다. 바이러스가 어떻게 사회적인 위기라는 의미를 갖게 되었는지를 알기 위해서는 그것의 높은 전염력을 이해해야 하지만 반대로 어떻게 그러한 전염력을 갖게 되었는지를 면밀하게 이해하기 위해서는 바이러스에 대한 사회적 인식이나 제도도 반드시 조사되어야 한다. 신체의 자연적 기능을 완전하게 이해하려면 그것에 미치는 인공적 영향을 고려하지 않을 수 없고 그 반대도 마찬가지다. 인류세의 지층이 어떻게 형성되었는지를 이해하기 위해서는 인간이 어떤 활동을 해 왔는지를 알아야 하며 반대로 인간의 활동이 인류세의 지층에 미친 영향을 이해하기 위해서는 암석과 토양의 퇴적 작용을 알아야 한다. 이처럼 물질을 파고든다고 해서 의미를 도외시할 수 없고 자연을 연구한다고 해서 문화를 모른 척할 수

32 도나 해러웨이, 앞의 책, 83. 강조 추가. 횡단이 총체 없는 통일이자 종합 없는 구성이라는 사실을 생각한다면, 이런 갈등과 적대는 쉽게 이해할 수 있다.

없다. 물질적 작용에 집중하건 기호적 작용에 집중하건 결국에는 물질-기호론적 접근을 취해야 하고, 자연 현상에서 출발하든 문화 현상에서 출발하든 끝에 가서는 자연문화를 만나기 때문이다. 대상의 존재 방식에 따라 그에 대한 접근 방식이 정해져야 한다면, 횡단적인 대상에 대한 접근도 횡단적이어야 하는 것은 당연하다. 물질과 의미, 자연과 문화의 공-구성 자체가 탐구의 주제가 되어야 하는 것이다.[33] 횡단성이 "아카데믹한 영토들, 분파들, 그리고 학계의 중심이라고 전통적으로 간주되어진 세속적 권위들을 탈영토화deterritorialization"하는 것이다.[34] 신유물론은 일차적으로 물질에 대한 형이상학이자 존재론이지만 또한 그러한 존재론에 의해 인도되는 연구 프로젝트이기도 하다. 연구 프로젝트로서 신유물론은 어떤 사태와 관련된 여러 분과 학문의 성과를 섭렵할

33 공-구성에 대한 연구는 어떻게 이루어지는가? 예술을 예로 들면 신유물론은 물질과 의미라는 "뒤섞임의 두 차원에 대한 연구를 허용한다. 즉 하나의 예술작품에 관한 경험은 물질과 의미로 구성된다. 물질적 차원은 담론에 형식을 창조하고 부여하며, 그 역도 마찬가지다. 예술 작업에서 발생하는 것과 유사하게, 신유물론은 오직 자연과학자들에게만 관심사일 사건들을 재기술하려고 애쓴다. 여기서 '자연'에 관한 신유물론적 해석은 '문화' 연구로 번역 가능한 것으로 비치고 그 역도 가능하다는 것이 확실해진다. 이러한 변위(transposition)가 단선적이 아니라는 사실에도 불구하고 말이다." (릭 돌피언, 이리스 반 데어 툰, 앞의 책, 130-131.) 여기서 변위는 유전학에서 말하는 유전자 전위(gene translocation)로부터 음악학에서 말하는 조옮김까지 광범위한 영역에서 발견되는 현상들을 아우른다. 변위에 대해서는 Rosi Braidotti, *Transpostion: On Nomadic Ethics*, Cambridge: Polity Press, 2006을 참조하라. 국역본은 로지 브라이도티, 《트랜스포지션: 유목적 윤리학》, 김은주, 박미선, 이현재, 황주영 옮김, 문화과학사, 2011.

34 릭 돌피언, 이리스 반 데어 툰, 앞의 책, 143-144.

뿐만 아니라 그들 사이의 횡단성 또는 구성적 관계를 파악한다는 점에서 사태에 대한 가장 **정확한** 접근일 수 있다.

횡단성 속에서 물질적인 것과 담론적인 것, 또는 자연적인 것과 인공적인 것을 따로 떼어내려는 것은 마치 물에 완전히 녹아 버린 믹스커피에서 커피와 크림을 분리해내려는 것만큼이나 가망 없는 일이다. 물질과 의미, 자연과 문화 사이의 경계가 희미해진 자리에 남는 것은 결국 구체적 상황 속에서 작용하고 변하고 있는 이러저러한 물질들이다. 이런 물질의 횡단성을 제대로 사고하기 위해서는 물질에 대한 적극적인 존재론이 필요하다. 신유물론은 물질의 존재론을 유물론에 되돌려 줌으로써 물질 없는 유물론에서 물질 있는 유물론이 되고자 한다. 그것은 횡단적으로 재물질화된 유물론인 것이다.

얽힌 범주들과 교차성 존재론: 생성의 교차로로서의 존재론

신유물론의 횡단성은 여태껏 엄격하게 분리되었다고 생각되어 온 범주들이 경우에 따라 얼마든지 서로 중첩되고, 뒤섞이고, 얽힐 수 있다는 사실을 드러낸다. **얽힌 범주들**entangled categories은 횡단성으로부터 따라 나오는 결론이다. 물질과 의미는 물질-기호론적 존재에 대해, 자연과 문화는 자연문화적 존재에 대해 공-구성적이다. 이원론을 구성하는 범주들은 그들의 경계를 가로지르는 것들 안에서 분리 불가능하게 이어져 있다.

얽힌 범주들을 통해 고정적이고 불변적인 이원론은 물론 여러 형태의 환원주의reductionism의 위험에서 벗어날 수 있다. 고정적이고 불변적인 이원론은 은연중에 모든 것이 경계의 이쪽 아니면 저쪽으로, 즉 물질 아니면 담론, 자연 아니면 문화로 남김없이 분류되어야 한다는 이분법을 강요한다. 그러나 횡단적인 것들은 그런 이분법이 실패하는 지점들을 드러낸다. 모든 것이 둘로 남김없이 나눠지지는 않는데, 왜냐하면 이도 저도 아닌 것 또는 이쪽이면서 동시에 저쪽으로 나아가는 것이 있기 때문이다. 횡단성이 드러내는 "두 개의 대립항 사이의 밀접한 관계는 초월론적이고 휴머니즘적인 경향들, 즉 신유물론 이론가들이 맞서 싸우는 그러한 경향들이 근본적으로 환원주의적이라는 것을 분명히 한다."[35] 이 경우 환원주의는 이원론을 구성하는 범주들 중 한쪽을 근본적인 것으로, 다른 쪽을 파생적인 것으로 보는 위계적 형태의 이원론에 의해 작동한다. 그러나 범주들의 얽힘을 일단 긍정하면 그런 환원주의는 더 이상 가능하지 않다. 왜냐하면 둘 모두인 것 또는 둘 다 아닌 것이 있기 때문이다. 신체를 만드는 데 기여한 담론적 차원은 모든 것을 생물학으로 환원하지 못하게 할 것이고, 반대로 신체를 구성하는 생물학적 차원은 모든 것을 담론으로 환원하지 못하게 할 것이다. 팬데믹을 물질적 사건으로 환원하려 한다면 왜 그것이 하필 팬데믹이 되었는지를

35 릭 돌피언, 이리스 반 데어 툰, 앞의 책, 140. 번역 일부 수정.

설명하는 데 애를 먹을 것이고, 반대로 팬데믹을 사회적인 사건으로 환원하려 한다면 그것이 어떻게 발생하여 감염을 일으키는지를 제대로 설명하지 못할 것이다. 물질-기호적인 것, 자연문화적인 것 앞에서는 물질 아니면 담론이라는 이원론도, 유물론적이거나 사회구성주의적인 환원주의도 통하지 않는다. 이처럼 유물론의 재물질화는 물질과 담론, 자연과 문화의 이원론으로 귀결되지 않으며 모든 것이 그저 물질일 뿐이라는 식의 '유물론'이나 모든 사회적이고 문화적인 것들을 자연화하려는 '자연주의'를 함축하지도 않는다. 횡단성을 통해 신유물론은 이원론과 환원주의 너머로 나아간다.

횡단성을 통해 "이원론을 끊임없이 '돌파해 나가고' 개정하는 것"이야말로 신유물론의 핵심이라고 할 수 있다.[36] 신유물론은 "형이상학을 과학 연구가 '자연문화'라고 부르는 관점에서 전체적으로 재-독해"하는 존재론이자 라투르가 '집합적인 것' the collective이라고 말한 것에 집중하는 형이상학이다.[37] 횡단성에 의해 자연적인 것은 탈자연화되고, 문화적인 것은 탈문화화된다. 의미는 물질에 기입되고, 물질은 의미를 체현한다. 횡단성은 이처럼 범주들을 서로 얽히게 만들면서 이원론을 탈안정화하며 이 탈안정화의 운동은 자연/문화, 물질/담론을 넘어 인간/비인간,

36 릭 돌피언, 이리스 반 데어 튠, 앞의 책, 139.

37 릭 돌피언, 이리스 반 데어 튠, 앞의 책, 130, 133, 168. 라투르의 집합적인 것에 대해서는 브뤼노 라투르, 《우리는 결코 근대인이었던 적이 없다》, 홍철기 옮김, 갈무리, 2009를 참조하라.

남성/여성, 우리/그들 등 다른 이원론들로 일반화된다. 신유물론은 "물질과 정신, 신체와 영혼, 자연과 문화의 흐름을 횡단하는 개념들을 발명함으로써 이런 전통들 안에 내재한 역설을 열어젖히며, 왕성한 이론 구성을 개방"하는 것이다.[38]

횡단성의 관점에서 보면 하나의 범주는 언제나 모자라다. 횡단이란 두 범주를 가로지르고 그 사이에 걸쳐 있는 존재 방식이기 때문이다. 그렇다고 두 범주를 횡단하는 것으로부터 각 범주에 속하는 요소들을 따로 분리해낼 수 있는 것도 아니다. 이런 존재 방식은 해러웨이가 사이보그 신체의 존재 방식이라고 한 것과 다르지 않다. 사이보그 존재론에 따르면 "하나는 너무 적고, 둘은 그저 하나의 가능성일 뿐이다."[39] 횡단적으로 존재하는 것은 홀로 성립하는 하나의 범주로 설명될 수 없고 그렇다고 서로 독립된 두 범주로 분석될 수도 없다. 그것은 오직 두 범주의 얽힘, 공-구성 또는 그들의 교차를 통해서만 온전히 이해될 수 있다. 이런 의미에서 신유물론의 존재론을 **교차성 존재론**intersectional ontology이라고 할 수 있을 것이다. 물질은 항상 기호가-되는-중인 물질이고, 기호는 언제나 물질이-되는-중인 기호다. 자연적이게-되기는 언제나 다소간 문화적이고 문화적이게-되기는 항상 어느 정도 자연적이다. 물질의 평면 위에서 일어나는 생성은 본질적으로 **교차-생성**cross-becoming인 것이다.

38 릭 돌피언, 이리스 반 데어 튠, 앞의 책, 123.

39 도나 해러웨이, 앞의 책, 83.

페란도(Francesca Ferrando)에 따르면 포스트휴머니즘이라는 말은 최소한 일곱 가지 다른 방식으로 정의된다.

1) 포스트휴머니즘은 인간성과 인간 조건에 대한 전통적 관념들에 비판적인 모든 이론들, 즉 반인간주의(antihumanism)를 의미한다.
2) 포스트휴머니즘이라는 말은 휴머니즘의 토대적 가정과 그 유산들을 의문에 붙이는 문화 이론들, 곧 문화적 포스트휴머니즘(cultural posthumanism)을 의미하기도 한다.
3) 포스트휴머니즘은 철학적 포스트휴머니즘과 동일시되기도 하는데 이 형태의 포스트휴머니즘은 주체성과 도덕을 인간종의 경계 너머로 어떻게 확장될 수 있는지 그리고 그 윤리적 함축은 무엇인지 밝혀내고자 한다. 또한
4) 포스트휴머니즘은 이제까지의 인간 조건이 해체되어 가는 상황, 즉 포스트휴먼 조건(posthuman conditions)을 의미하기도 한다.
5) 포스트휴머니즘은 종종 기술과학의 발전을 통해 인간의 지적, 물리적, 심리적 역량의 향상은 물론 노화와 죽음마저도 극복하려 하는 이데올로기, 즉 트랜스휴머니즘(transhumanism)으로 받아들여지기도 한다.
6) 트랜스휴머니즘과 반대의 전망을 내놓는 것이 바로 인공지능의 장악(AI takeover)이다. 포스트휴머니스트들 중에는 미래의 인공지능이 인간을 향상시키는 게 아니라 오히려 인간을 대체해 버릴 것이라 전망하면서 이런 암울한 미래를 숙명으로 받아들여야 한다고 주장하는 이들이 있다.
7) 마지막으로 포스트휴머니즘은 그러한 '인간 없는 미래'를 의지적으로 추구하는 의지적 인간 멸종(voluntary human extinction)의 이념을 의미하기도 한다. (Francesca Ferrando, "Posthumanism, Transhumanism, Antihumanism, Metahumanism, and New Materialisms: Differences and Relations", *Existenz*, vol. 8, no. 2, 2013, 26-32. 요약은 위키페디아의 포스트휴머니즘 항목을 참조하라. https://en.wikipedia.org/wiki/Posthumanism)

보통 1~4에 대한 논의들은 서로 많은 부분이 겹치며, 따라서 이들을 넓은 의미의 **비판적 포스트휴머니즘(critical posthumanism)**으로 묶을 수 있을 것이다. 이 절에서 다루는 것은 철학적 휴머니즘과 그 존재론적 근거로서의 신유물론이다.

물질에서 인간으로: 신유물론과 포스트휴머니즘

신유물론이 **철학적 포스트휴머니즘**philosophical posthumanism과 무슨 상관일까? 포스트휴머니즘이라는 말이 최근 들어 여러 맥락에서 쓰이고 있음에도 불구하고 정작 그것이 정확히 무엇을 의미하는지는 여전히 불분명하다. 그리고 신유물론은 자주 포스트휴머니즘과 같이 다루어지지만 정확히 어떤 이유로 그러한지가 분명하지 않다. "철학적 포스트휴머니즘을 어떻게 정의할 것인가? 철학적 포스트휴머니즘은 존재-인식론적 접근이자 윤리학적 접근이면서 또한 대립적인 이원론과 위계적 유산에서 해방된 철학으로, 그렇기 때문에 탈-인간주의post-humanism, 탈-인류중심주의post-anthropocentrism 그리고 탈-이원론post-dualism이라 볼 수 있다."[40] 포스트휴머니즘은 해체적이면서 동시에 구성적이다. 포스트휴머니즘은 일차적으로 "포스트-휴머니즘, 즉 인간주의와 인류중심주의에 대한 급진적인 비판"이지만 이 비판은 곧 "포스트휴먼-이즘", 즉 "인간을 구성하는, 그럼에도 불구하고 엄밀한 의미에서는 인간의 구성적 한계를

40 프란체스카 페란도, 《철학적 포스트휴머니즘: 포스트휴먼 시대를 이해하는 237개의 질문들》, 이지선 옮김, 아카넷, 2021, 55. 브라이도티는 포스트휴머니즘을 다음과 같이 정의한다. "나는 포스트휴먼을 탈-인간주의와 탈-인류중심주의의 수렴 현상으로 규정한 바 있다. 그것은 한편으로는 이성적 인간이라는 보편적인 이상에 대한 비판이고, 다른 한편으로는 종적 우월성에 대한 거부다."(앞의 책, 12.)

넘어서는 측면들"에 대한 적극적인 인식으로 이어진다.[41]

포스트휴머니즘은 대문자 휴먼Human에 대해서는 해체론이지만 포스트휴먼에 대해서는 구성주의인 셈이다. 그리고 "포스트휴먼의 존재론적 국면을 심층적으로 탐색하는 흐름"이 바로 신유물론인 것이다."[42] 그렇다면 신유물론은 포스트휴머니즘의 세 기둥인 탈-인간주의, 탈-인류중심주의, 탈-이원론과 어떻게 연결되는 것일까?

탈-인간주의는 "인간은 단수가 아니라 복수, 즉 인간(들)로 파악"되어야 한다는 "인간 경험의 다수성에 대한 이해"를 의미한다.[43] 신유물론은 횡단성을 말한다는 점에서 탈-인간주의로 이어질 수 있다. 인간 주체human subject 또한 횡단성의 예외일 수 없다. 인간 또한 여타의 사물과 마찬가지로 자연과 인공의 경계, 물질과 담론의 경계에 걸쳐 있으며 양쪽을 가로지르는 존재인 것이다. 무엇을 어떻게 가로지르는지에 따라 인간은 다르게 구성될 수 있다. 이러한 횡단적 구성에는 특별히 정해진 바가 없다. 무엇을 어떻게 가로지르는 것이 인간적인 것인지, 어떤 경계들에 어떻게 걸쳐 있는 것이 인간다운 것인지에 대한 선험적인 규정은 없는 것이다. 인공물과의 결합이 잘 드러나지 않는 비장애인의 신체는 인간의 신체지만, 각종 보철 또는 보조 기구와 결합한 장애인의 신체는 인간의 신체가 아닌가? 모니터에 뜨는 이미지들을 통해

41 프란체스카 페란도, 앞의 책, 28.
42 프란체스카 페란도, 앞의 책, 313.
43 프란체스카 페란도, 앞의 책, 120.

이루어지는 사유는 인간의 사유지만, 바위에 새겨진 신화적 상징을 통해 작동하는 사유는 인간의 사유가 아닌가? 당연히 그들 모두 인간의 신체이고 인간의 사유다. 이처럼 인간의 경험은 어떤 자연과 어떤 문화를 어떻게 가로지르는지 또는 어떤 물질과 어떤 담론을 어떻게 횡단하는지에 따라 다중화되고 복수화된다. 횡단성의 정해진 중심은 없으며 따라서 횡단적으로 구성되는 인간성에도 중심은 없다. '인간이란 무엇인가'에 대한 답은 어떤 자연과 어떤 문화가 어떻게 가로질러지고 있는지에 따라 달라진다. 신유물론의 횡단성에 의해 인간은 탈중심화되는 것이다.

인간의 탈중심화는 신유물론이나 포스트휴머니즘의 전유물이 아니다. 이미 구조주의structuralism와 탈-구조주의post-structuralism를 관통하는 반-인간주의anti-humanism는 보편적인 인간상이라고 할 만한 것들을 성공적으로 상대화해 왔는데, 포스트휴머니즘은 이런 반-인간주의를 극단화한다. 구조주의와 탈-구조주의는 다양한 계보학적, 인류학적 작업을 통해 이성, 사유, 문화 등 인간다움의 보편적 본성이라고 주장되던 것들이 사실은 특수한 횡단의 결과일 뿐이라는 사실을 폭로해 왔다. 이들의 작업에 따르면 인간은 주어진 본질에 따라 규정되는 단일한 존재가 아니라 통시적으로 재발명되고 공시적으로 다중화된 존재이다. 보편적인 인간상을 고수하는 입장에서 본다면 반-인간주의는 '인간의 해체'를 의미할 것이다. 포스트휴머니즘은 이런 인간의 해체가 '끝물'에 이른 것이라고 할 수 있다. 포스트휴머니즘은 "2세대 포스트모더니즘… 에 이론적 수정을 가함으로써 인간의 해체가 극단적 결과까지 이르도록" 만든다.[44] 포스트휴머니즘은 주체의 해체와 더불어 주체의 재구성을 적극적으로 모색한다. 인간은 횡단적으로 구성되고 재구성되지만 이는 인간의 단순한 해체를 의미하지도, 자의적인 재구성을 의미하지도 않는다. 새로운 횡단 없이는 인간은 해체될 수 없으며 그 재구성 또한 요원하다. 무엇이 어떻게 가로질러지는지가 변하지 않는 한, 인간 주체는 여전히 고정적으로 위치 지어질 수밖에 없는 것이다. 가령 여성의 주체성은 사회문화적 압력이나 의료적 처치가 여성의 생물학적 신체에 침투하는 방식에 의해 견고하게 고정되어 있다. 여성성을 구성하는 횡단의 수준에서 변화가 없는 한, 새로운 여성적 주체란 그저 허울 좋은 말에 지나지 않을 것이다. 교차하는 선들에 변화가 없으면 선들의 교차점도 변하지 않는 것과 마찬가지다. 이렇듯 인간은 탈중심화되는 동시에 다중심화되지만 여럿으로 나누어진 중심도 분명히 중심이고, 다중심화된 주체들도 엄연한 주체다. 인간은 한편으로는 해체되지만 다른 한편으로는 해체 불가능하게 되는 것이다. 그것은 단일한 중심으로서는 해체되지만, 복수화된 중심으로서는 여전히 존속한다. 이 점에서 포스트휴머니즘은 바닷가 모래사장에 그려 놓은 얼굴처럼 인간도 사라질지 모른다고 생각한 푸코Michel Foucault보다는 해체와 더불어 해체 불가능한 것에 민감하게 반응했던 데리다Jacque Derrida와 더 공명한다. 포스트휴머니즘에서 인간 주체는 해체의 (불)가능성인

44 프란체스카 페란도, 앞의 책, 28.

것이다.[45]

탈-인류중심주의란 무엇인가? 그것은 "비인간과의 관계에서 인간의 탈중심화"를 의미하는데, 여기서 인간의 탈중심화란 "인간종이 위계적 구도 안에 자리하고 있으며, 인간에 대한 대다수의 역사적 논의에서 존재론적 특권을 당연히 해 왔음을 시인"하고 그로부터 벗어나는 것을 말한다.[46] 인간의 존재 자체가 다른 종들에 비해 특권적이거나 우월하다고 할 수는 없다는 것이다. 신유물론은 이런 의미에서 탈-인류중심적일 수 있다. 왜냐하면 인간과 비인간 모두를 횡단적이라고 보기 때문이다. 팬데믹, 보호종, 지층이 횡단적이라면 인간 또한 마찬가지다. 인간이건 비인간이건, 무엇을 어떻게 가로지르고 있는지는 다르겠지만 존재 자체로 보자면 횡단적이라는 점에서 동등하다. 따라서 인간의 존재 자체가 우월한 것은 아니고 비인간의 존재 자체가 열등한 것도 아니다. 이 점에서 인간과 비인간은 '같은 급'이라고 할 수 있다. 수온 상승으로 인해 집단 폐사 위기에 처한 강가의 물고기 떼와 폭염 속에서 헐떡이는 슬럼의 주민들은 모두

45 이에 대해 페란도는 다음과 같이 말한다. "인간의 해체는 트랜스휴머니즘의 성찰에서는 거의 부재하는데 안티-휴머니즘에서는 결정적이며 이것이 바로 포스트휴머니즘과의 공통점 중 하나다. 반면에 이들 간의 주요한 차이는 단어의 형성, 특히 조합 안에 들어 있다. 접두사 '안티'에 함축된 구조적 대립은 포스트휴머니즘의 탈이분법적인 과정-존재론적 지평에 의해 도전받아 왔다. **포스트휴머니즘은 휴머니즘의 위계적 가정이 쉽게 간과되거나 제거되지 않는다는 사실을 받아들인다.** 그런 점에서 포스트휴먼은 푸코의 인간의 죽음보다 데리다의 해체적 접근과 통한다." (프란체스카 페란도, 앞의 책, 30. 강조 추가.)

46 프란체스카 페란도, 앞의 책, 120-121.

기후 위기라는 인위적 위협과 신체의 자연적 취약함을 가로지르고 있는데 이들 사이에 급을 나누는 것이 무슨 의미가 있을까? 공장의 자동화된 생산 체계에 적응한 노동자와 신체의 생리 체계와 결합한 인공보철은 모두 체계의 효율성을 나타내는 상징이자 그 효율적 작동을 구현하는 물질들인데 그들이 과연 본질적으로 급이 다르다고 할 수 있을까? 신유물론은 이처럼 인간과 비인간을 모두 경계를 가로지르는 것, 사이에 걸쳐 있는 것으로 봄으로써 그들을 존재론적으로 동급으로 만든다. 이런 '존재론적 평탄화 작업'은 명백히 탈-인류중심주의적이다.

탈-인류중심주의는 인간과 비인간 사이의 무차별적이고 맹목적인 동일성을 의미하지 않는다. 폐사 위기에 처한 물고기들과 폭염 속에서 고통받는 슬럼가 주민들 모두 다 인위적 위협에 취약한 자연적 신체들이지만, 그렇다고 물고기와 인간이 똑같지는 않다. 슬럼가에 사는 주민은 물고기와 달리 건축 구조를 바꾸거나 대책을 요구하며 시청에서 농성을 할 수 있을 것이다. 노동자와 인공보철도 마찬가지다. 질병이나 사고로 인해 노동자는 인공보철을 도구적으로 사용할 수 있다. 인간과 비인간은 존재론적으로만 동급일 뿐, 둘 사이에는 여전히 다양한 힘과 역량의 차이가 있을 수 있는 것이다. 이는 마치 동일 체급에 속한 격투기 선수들 사이에서도 압도적인 전력 차이가 있을 수 있으며 승부에 따라 랭킹이 달라질 수 있는 것과 마찬가지다. 그들의 관계가 위계적이지 않다고 해서 인간과 비인간의 명백한 차이들을 무시하는 것은, 동일 체급에 속한 선수들 사이에는 전력 차이가 있을 수 없으며 승부도 랭킹도 없어야 한다고 생각하는 것만큼이나 터무니없다. SF 영화에서처럼, 지능이 인간보다 200배 정도 더 좋고 압도적인 과학 문명을 가진 외계인이 지구를 침공하여 인간을 가축 부리듯이 부린다면, 그들은 존재 자체가 인간보다 우월하다고 해야 할까? 혹은 인공지능이 초지능superintelligence이 되어 인간을 절멸시키려 한다면, 그 인공지능의 존재 자체가 중심적이게 되고 인간의 존재 자체가 주변적이게 되는 것일까? 이런 사례들은 굳이 존재 자체를 '올려 치거나' 또는 '내려치지' 않고서도 얼마든지 힘의 차이를 설명할 수 있음을 보여준다. 힘의 차이가 존재 자체의 우열을 함축하지 않듯이 존재론적 평등이 힘의 평준화를 의미하진 않는다.[47]

뿐만 아니라 탈-인류중심주의는 인간이 물러난 자리에 비인간을 올려놓지도 않는다. 인류중심주의의 해체가 자동적으로 비인간중심주의를 함축하지는 않는다. 인간의 특권을 부정하면 그 특권이 비인간에게 자동으로 이전되는가? 결코 그렇지 않다. 인간종을 대신하여 비인간종이나 인공물을 특권화하면서 인간을 비하하는 것은 기성의 존재론적 위계를 해체하지 않고 방향만 바꾼 채 그대로 보존할 뿐이다. 그것은 말하자면 비인간 물신주의non-human fetishism에 빠지는 일이다. 인간이 특별할 게 없다면 비인간 또한 특별할 게 없다. 다시 강조하지만 이렇게 어느 것도

47 이는 진화론이 생물종들 사이의 관계를 사유하는 방식과 같다. 종들 사이에는 분명 먹이사슬을 비롯한 여러 경합적인 관계가 존재하지만 그들 사이에 '신분'이나 '계급'이 선험적으로 매겨져 있는 것은 아니다.

특별할 것 없다는 사실이 결국 다 똑같음을 함축하지는 않는다. 해체되는 것은 어디까지나 존재의 위계적 질서이고, 그 질서에 근거해 성립하는 보편적 인간의 본질이다. 그리고 이원론에 은밀하게 스며들어 있는 위계를 해체한다는 점에서 탈-인류중심주의는 탈-이원론을 전제한다.

그렇다면 탈-이원론이란 무엇이며 신유물론은 탈-이원론과 어떻게 관련될까? 탈-이원론은 이원론의 해체를 의미한다. 페란도는 포스트휴머니즘이 해체하려는 이원론은 한쪽을 긍정적인 지위로 격상하고 다른 쪽을 부정적인 지위로 격하하는 "엄격하고 완고하며 절대적인 이원론"일 뿐 "유동적이고 이동하며 내부적으로 변화하는" 이원론이 아니라고 주장한다.[48] 이원론이 유동적이고 이동하며 내적으로 변한다는 것은 이원론을 구성하는 범주들이 경우에 따라 경계가 흐려지고, 얽히며, 중첩될 수 있다는 뜻이다. 가령 자연과 문화가 각자의 자리에 머무르지 않고 교차하고 중첩될 때, 자연과 문화라는 이원론은 유동적으로 이동하게 된다. 이와 같이 유동적이고 이동하는 이원론, 내적으로 변화하는 이원론은 횡단성의 특징을 고스란히 보여준다. 신유물론은 "언어와 물질 사이에 그 어떤 분리도 상정하지" 않으며 "문화가 물질적으로 구성된 것과 마찬가지로 생물학은 문화적으로 매개되어" 있음을 긍정하기 때문에 "생물학을

48 프란체스카 페란도, 앞의 책, 132.

물리학으로 환원하지도, 물질에 우선성을 부여하지도" 않는다.[49] 앞서 신유물론의 횡단성이 탈-인간주의적이고 탈-인류중심적인 귀결을 가질 수 있다고 했는데, 횡단성과 탈-이원론의 관계는 이보다 더 깊고 직접적이다. 횡단성은 탈-이원론 그 자체인 것이다.

탈-이원론은 가장 근본적인 수준에서 인간의 해체와 재구성의 가능 조건이 된다. 탈-이원론은 "인간의 최종적인 해체에서 필연적인 단계"다.[50] 위계적이고 절대적인 이원론은 인간을 정의하는 방식으로 기능해 왔다. 그런 이원론을 유동화하고 가변적으로 만들수록 이원론을 통해 정의된 인간 또한 해체될 것이다. 포스트휴머니즘은 "타자들(식물, 동물, 신뿐만 아니라 여성, 노예, 기계를 위시한 다른 많은 것들)과의 전통적인 대조 혹은 대립"을 통해 "인간 자신의 본질을 확립"하지 않는다.[51] 인간은 대조나 대립이 아니라 횡단성에 근거해서 재정의될 것이다.[52]

49 프란체스카 페란도, 앞의 책, 313, 316.

50 프란체스카 페란도, 앞의 책, 132-133.

51 프란체스카 페란도, 앞의 책, 127.

52 대조나 대립은 이원론에 깊게 뿌리박힌 부정성이라고 할 수 있다. 신유물론의 동기 중 하나는 바로 이런 부정성으로부터 해방되고자 하는 욕망이다. "근대성을 지배하고, 우리 시대의 이론에서 많은 부분 전제로 받아들여지는 빈번한 이항 대립들(그러므로 … 장 리오타르가 정의한 바 포스트모던한 것으로 고려될 수 있는 것들)은 부정의 관계에 의해, 그리고 이러한 부정성을 재-긍정함으로써 구조화되는 반면, 신유물론자들은 "개념을 창조하는 활동, 존재-인식론적 활동에 참여함으로써 차이의 철학을 수립한다." 이러한 "개념의 창조는 이원론의 횡단(traversing)을 야기하고 긍정적인, 즉 부정성이라기보다 실증성(positivity)에 의해 구조화되는 관계성의 긍정을 이루어 낸다."(릭 돌피언, 이리스 반 데어 튠, 앞의 책, 181.)

고정된 수직적 위계가 가변적인 수평적 횡단으로 대체된다면 인간 본성에 대한 접근 또한 수정될 수밖에 없을 것이다. 이런 인간성의 해체와 재구성은 윤리적이고 정치적인 함의를 가진다. 엄격하게 고정된 이원론적 사고는 "위계적 사회 정치 구조"를 낳는데, 이러한 사고방식을 고민하지 않을 경우 예를 들어 로봇을 타자화하는 "새로운 형태의 차별이 출현할" 수도 있기 때문이다.[53] 이와는 반대로 탈-이원론은 거의 모든 종류의 차별을 그 밑바닥부터 붕괴시킨다. 존재 자체의 우열은 성립할 수 없으며 단지 힘의 차이와 관계만이 있기 때문이다.

이런 존재론적 평탄화는 역설적으로 둘의 차이를 더 강조하는 효과를 낸다. 평등할수록 오히려 더 달라지는 것이다. 대표적인 사례가 바로 민주주의다. 신분제 사회에서는 신분이 다른 사회 구성원들 사이의 권력 차이나 힘의 우열이 오히려 잘 드러나지 않는다. 신분을 통해서 애당초 다른 존재로 인식되기 때문에 '뭐가 달라도 다르다는' 게 당연시되기 때문이다. 그러나 모든 사회구성원들이 형식적으로 평등해지면 그들 각각의 취향과 가치관, 능력이 백일하에 드러난다. 정확히 무엇이 어떻게 얼마만큼 다른지가 폭로되는 것이다. 이런 의미에서 탈-이원론 또는 횡단성은 존재론을 '민주화'한다고 할 수 있다. 인간과 비인간의 존재 자체가 다르다고 해 버리는 순간, 그들 사이의 무수한 차이와 역학관계들은 존재론적 위계에 의해 은폐되어

53 프란체스카 페란도, 앞의 책, 133.

버린다. 반면에 민주화된 존재론적 장 안에서 인간과 비인간들은 '계급장을 떼고 붙으며' 따라서 누가 어떤 측면에서 강하고 약한지가 그대로 노출된다. 지위가 다를 때보다 같을 때 권력과 능력의 비대칭이 더 명백해지는 것이다. 평등할수록 달라진다.

신유물론은 인간 주체를 횡단적으로 재구성함으로써 단일한 보편적 인간상을 해체할 뿐만 아니라 존재 자체로 보장되는 인간의 특권적인 지위를 박탈할 수 있다. 이 점에서 신유물론은 포스트휴머니즘을 구성하는 탈-인간주의와 탈-인류중심주의로 귀결될 수 있다. 포스트휴머니즘이 탈-인간주의, 탈-인류중심주의와 탈-이원론으로 구성된 철학적 논제라면, 신유물론의 횡단성은 그것의 형이상학적 근거를 제공해 줄 수 있을 것이다. 니체는 차라투스트라의 입을 빌려 "인간의 위대한 점은 그가 하나의 다리이지 결코 목적이 아니라는 것"이라고 한 바 있다. 그런데 그 다리는 무엇과 무엇에 걸쳐 있는가? 신유물론에 따르면 그 다리는 자연과 문화, 물질과 담론, 나아가 인간과 비인간 사이에 걸쳐 있다. 위버멘쉬Übermensch는 인간적 한계들을 극복하고 넘어서지만, 포스트휴먼은 이분법적 경계들을 가로지르고 횡단한다. 횡단적으로 재구성된 인간성 속에서 각종 범주들은 얽히고 중첩되고 뒤섞인다. 앞서 신유물론의 존재론을 교차성 존재론이라고 명명했는데, 유사한 의미로 포스트휴머니즘을 **교차성 휴머니즘**intersectional humanism이라고 할 수도 있겠다. 또는 교차-생성의 결과로 '다른 인간'이 생성된다는 점에서 그것을 **이형-인간주의**hetero-humanism라고 할 수도 있을 것이다.

교차성 존재론으로서의 신유물론이 포스트휴머니즘의 존재론이라면, 교차성 휴머니즘으로서의 포스트휴머니즘은 신유물론의 인간론 또는 주체 이론이라고 할 수 있을 것이다. 포스트휴머니즘이 인간학적으로 확장된 신유물론이라면, 신유물론은 존재론적으로 일반화된 포스트휴머니즘인 것이다.

횡단하는 물질성: 다시, 물질이란 무엇인가?

새로운 물질성과 횡단성은 다양한 형태의 신유물론을 일관하는 주요 테마라고 할 수 있다. 신유물론의 물질은 능동적으로 작용하고 행위하는 물질, 스스로 힘써 행하는 물질이다. 이렇게 갱신된 물질을 물질이 없는 유물론 또는 담론주의와 사회구성주의의 세례를 받은 유사-유물론 속에 재삽입하면, 그것은 존재론 내부에 그어진 각종 경계들을 넘나들기 시작한다. 물질은 물질과 기호 사이를, 자연과 문화 사이를, 인간과 비인간 사이를 넘나들며 그들 사이의 문턱을 낮춘다. 이런 물질은 단일한 범주로 포착되지 않으며 이분법적 범주로 분해되지도 않는다. 물질은 둘 중 하나가 아니라 언제나 둘 사이의 하나, 둘 사이를 가로지르는 하나, 하나가 되지 않는 하나다. 새로운 물질성과 횡단성은 새로운 생태학과 존재론에 대한 상상으로 이어진다. 환경은 더 이상 무력하게 뒤로 밀려난 배경이 아니다. 그것은 얇은 행위자들이 우글거리고 있는 실행적 정글enactive jungle이다. 존재론은 계획 도시처럼 구획되지 않는다. 오히려 그것은 어떤 공통점도 없는 구역들이 만나고 엇갈리는 생성적 교차로generative intersection다. 인간 이후의 인간, 포스트휴먼은 바로 그런 정글에서 산다. 이형-인간hetero-human은 바로 그런 교차로에서 태어나 거기서 죽는다.

신유물론은 기이한 유물론weird materialism이다. 새로운 물질성에 따르면 물질의 내재적인 능동성과 역량, 창조성 없이는 어떤 물질의 작용과 변화도 있을 수 없다. 그리고 횡단성에 의하면 물질 없이는 담론과 의미도 있을 수 없다. 이처럼 기호적인 것들이 물질적인 것에 의존한다는 점에서 신유물론은 명실상부한 유물론이다. 그러나 그렇다고 해서 신유물론이 모든 것을 자연적으로 주어진 것으로 간주하면서 문화의 역할을 축소하거나 물질의 우선성을 내세우면서 담론과 의미의 차원을 평가절하하지는 않는다. 오히려 횡단성은 바로 그런 축소나 평가절하가 불가능하다는 것을 보여준다. 신유물론이 말하는 물질은 자연으로 환원될 수도, 의미의 차원과 분리될 수도 없는 물질이며, 따라서 언제나 다소간 문화적이고 부분적으로 담론적이기 때문이다. 유물론이 순진한 자연주의나 조잡한 결정론으로 변질되는 것은 그것이 자연/문화 또는 물질/담론의 이원론과 은밀하게 공모할 때뿐이다. 그러므로 새로운 물질성이 신유물론을 유물론적으로 만든다면 횡단성은 그 유물론을 비환원적으로 만든다고 할 수 있다. 신유물론은 "고대에서 근대에 이르기까지 인위와 자연을 가르던 이분법을 넘어서서 그것을 하나의 일의적 평면에 배치"하는데 이 평면은 다름 아닌 물질의 평면이다.[54] 하지만 그 평면은 "전반적으로 상호-구성적인co-constitutive 힘들로서 사회적이고도 물질적인 것, 이를테면 추상 기계"로 이해되어야 한다.[55] 새로운 물질성이 "'지속'이 사실상 '물질에 삽입'되는 방식(이를테면 데란다가 '물질-에너지 흐름'에 집중하는 방식)"을 보여준다면, 횡단성은 "'재현/물질성 이분법'이 사실상 붕괴되는 방식(예컨대 브라이도티가 신체를 "욕망의 전자파에 의해 활성화된 고기 한 점, 유전자 코딩을 펼쳐 쓴 텍스트 한 편"이라고 개념화하는 방식)"을 보여준다.[56] 신유물론은 물질을 창조적으로 재활성화하면서 동시에 그렇게 살아 움직이는 물질을 이원론으로부터 해방시키고 있는 것이다.

신유물론은 음악으로 치자면 일종의 잼 세션과 같다. 계획도 없고, 악보도 없고, 심지어 연주자들끼리 서로를 모를 수도 있다. 그러나 그런 잼 세션에서도 보통 변주되고 반복되는 테마가 있기 마련이다. 새로운 물질성과 횡단성은 신유물론이라는 잼 세션을

54 릭 돌피언, 이리스 반 데어 튠, 앞의 책, 274.

55 릭 돌피언, 이리스 반 데어 튠, 앞의 책, 148.

56 릭 돌피언, 이리스 반 데어 튠, 앞의 책, 157-158. 바로 뒤에 이어지는 다음 서술도 참조하라. "'물질적-기호론적 행위자'에 관해 연구하는 것은 해러웨이가 명명하는 대로, **물질에 대한 관습적인 정의 방식의 복잡화**를 수용한다. 하나의 대상은 더 이상 재-현(represent)되어야 하는 수동적 물질이 아니다. 그리고 의미-제작 과정은 두 가지 과정으로 이루어진다. 여기서도 마찬가지로 신유물론이 의미(signification)를 폐기하는 것이 아니라, 오히려 그것의 합당한 자리로 인도하며 결과적으로 언어학적 전회를 질적으로 전환하는 방식(특히 비-이원론적으로)이 증명된다." 강조 추가.

일관하는 주류적인 테마들이다. 신유물론이라고 불리는 이론들은 각자의 스타일과 실력대로 새로운 물질성과 횡단성을 연주하고 있는 것이다. 이제 어떤 연주자들이 어떤 유물론을 연주하고 있는지 감상해 보도록 하자.

두 번째 대화

PP 신유물론이 있다면, 구유물론도 있나?
새로운 게 있다면 자동으로 낡은 게 생기잖아.
자기가 새롭다고 하려면 남들은 낡아야 되는 거지.
그럼 신유물론 외에는 다 구유물론이 되는 거네?

NH 내 말이 그 말이야.
신유물론만 해도 이상한데 거기다 이젠 구유물론이래.
이게 그냥 고대 유물론, 근대 유물론처럼
흔히 통용되는 시대 구분을 하는 것도 아니고,
그렇다고 과학적 유물론이나 물리주의 같은 이론적 입장도 아니고,
그냥 새로운 유물론이 나왔다니까 거의 반사적으로 구유물론을 운운하는 거지.
그런데 세상에 어느 유물론자가 자기가 올드하다는 소리를 듣고 가만히 있겠냐.
새로우니 낡았니 하는 얘기들은 신유물론의 역사성을 반영하지 못할 뿐 아니라
논의를 잘못된 방향으로 몰고 가기 딱 좋고,
무엇보다도 유물론 자체에 대한 이상한 이미지를 갖게 만들어.
그래서 나는 그냥 신유물론도 없고 구유물론도 없다고 하고 싶어.

PP 그래도 뭔가 다른 유물론과는 대립각을 세우지 않나?
다른 유물론들과의 관계를 어떻게 설정하고 있는 거지?
좋지만은 않은 것 같던데.

NH 물론 다른 유물론들의 어떤 측면에 대해 불만을 제기하기는 하는데
과연 그걸 '대립'이라고 해야 하는지는 모르겠어.
서로가 서로에 대해 '부정'하는 게 있어야 대립이 성립할 수 있잖아.
그런데 신유물론이라고 불리는 입장들이 다른 유물론들을 부정하나?
내 눈에는 그게 그렇게 분명하지가 않거든.
물질이 능동적이고, 활기차며, 행위성을 발휘한다는 게
그것의 수동성과 무력함, 제약된 특성을 부정하는 건가?
얇은 행위자로서의 비인간을 말하려면 반드시 인간의 두꺼운 행위성을 부정해야 되나?
의미는 항상 체현된 의미라고 주장하면 물질은 항상 담론을 통해 규정된 물질이라는 게
부정되는 건가? 신유물론의 주장에 의해 역사유물론이나 사회구성주의의 어떤 부분이
부정된다는 건지 그리 확실치 않아. 정말 대립이 있나?

PP 별다른 대립이 없다면 그만큼 새로움도 덜한 거 아냐?
차별화가 안 되니까.
그냥 예전의 것에 몇 가지 새로운 걸 덧붙이고 추가한 것일 뿐이잖아?

NH 왜 꼭 대립과 부정을 통해서만 새로울 수 있다고 생각하는 거지?
사람들이 계속 없는 라이벌 관계를 만들려고 해.
신유물론은 '아니!'라고 말하지 않아.
'그래, 그런데…'라고 말하지. 말하자면 질척거리는 거야.
그런데 그렇게 질척거리면서도 충분히 새로울 수 있고 유의미한 차이를 만들 수 있어.
몇몇은 속 시원한 '부친 살해' 같은 이벤트를 보고 싶어 하는 것 같은데,
아쉽지만 그런 일은 아마도 일어나지 않을 거야.
사실은 어떤 아버지도 죽지 않았거든.
신유물론은 고아도 아니고 후레자식도 아니니까.

2부 물질—연주자들

3장 마누엘 데란다: 새로운 물질성과 횡단성

새로운 물질성: 신유물론의 시작

신유물론을 소개하는 글에서 마누엘 데란다라는 이름은 거의 빠짐없이 등장한다.[1] 왜 그럴까? 여러 이유가 있겠지만 무엇보다도 그가 새로운 물질성에 대한 존재론을 가장 깊고도 넓게 추구해 왔다는 점이 결정적일 것이다. 그는 명시적이고도 의도적으로 물질에 대한 관념을 갱신하려 한다. "오래된 개념에 일어난 연이은 변화들로 인해 물질의 본성에 대한 새로운 비전이 가능해졌다."[2] 1부에서 강조했듯이, 새로운 물질성은 횡단성과 더불어 여러 신유물론들에서 공통적으로 읽어 낼 수 있는 테마다. 새로운 물질성에 개입하지 않는 신유물론이란 지젝식으로 말하면 카페인 없는 커피, 알콜 없는 맥주, 지방 없는 크림이나 마찬가지일 것이다. 그렇다면 데란다의 작업이 그 자체로 신유물론과 동의어라는 평가 또한 수긍할 만하다. 앞 장에서 보았다시피 데란다는 브라이도티와 더불어 거의 최초로 신유물론이라는 용어를 썼을 뿐 아니라 초기부터 현재까지

1 Manuel DeLanda, "The New Materiality", *Architectural Design*, vol. 85, issue. 5 2015, 16.

2 Manuel DeLanda, "The New Materiality", 17.

줄곧 물질이라는 주제에 대해 천착해 오고 있기 때문이다. 그의 작업은 여러 가지 측면에서 신유물론 전반의 방향을 결정했다고 할 수 있다. 데란다의 철학적 기반은 들뢰즈와 과타리의 존재론이다. 그런데 그 현란하고 난해하던 들뢰즈의 개념들이 그의 손 안에서 기술과학과 소통할 수 있는 형태로 재탄생하고 있다. 많은 신유물론자들이 들뢰즈적 자장 안에서 기술과학의 성과들을 진지하게 고려하면서 작업하고 있는데, 이런 경향이 생긴 데는 데란다의 영향을 무시할 수 없을 것이다. 여러모로 데란다는 신유물론을 이해하는 데, 새로운 물질성을 이해하는 데 빼놓을 수 없는 중요한 이론가 중 하나임이 틀림없다.

데란다의 존재론은 그 내용만이 아니라 방법에서도 고유하다. 그는 물질의 능동성과 창조성이 실제로 무엇인지 또는 무엇일 수 있는지를 구체적이고 명료하게 보여준다. 데란다는 물질은 외부적 힘에 의해 기계적이고 결정론적으로 움직일 뿐이라는 뉴턴적 관점 그리고 물질은 바깥에서 형상을 찍어 줘야만 비로소 구체성을 띠게 되는 질료일 따름이라는 아리스토텔레스적 개념과 결별을 시도한다. 여기서 결정적인 역할을 하는 것이 수학과 과학의 이론적, 경험적 성과들이다. 데란다는 주저라고 할 수 있는 《강도의 과학과 잠재성의 철학》Intensive Science and Virtual Philosophy 에서 현대의 물리학과 생물학, 복잡계 과학의 성과를 바탕으로 자신만의 들뢰즈적 존재론을 전개한 바 있다.[3] 이 책에서

3 마누엘 데란다, 《강도의 과학과 잠재성의 철학-잠재성에서 현실성으로》, 이정우, 김영범 옮김, 그린비, 2009.

끌어들이는 자연과학과 수학, 사회과학에 대한 내용이 너무나 방대하고 치밀한 나머지, 책을 보다 보면 철학이 아니라 과학이나 수학에 대한 책이 아닌가 하는 느낌이 들 정도다. 이처럼 데란다는 텍스트를 두고 씨름하거나, 철학사적 계보를 추적하거나, 전문적인 맥락에서 제기되는 논쟁에 개입하는 방식으로 작업하지 않는다. 그렇게 '철학으로 철학하는' 대신에 그는 과학과 기술이 제공하는 것들로부터 끌어낼 수 있는 함축들에 집중한다. 《강도의 과학과 잠재성의 철학》에서 전개된 물질에 대한 논의는 이후 〈새로운 물질성〉The New Materiality이라는 에세이에서 강도 높게 압축된 형태로 다시 제시된다. 겨우 다섯 쪽밖에 되지 않는 짧은 에세이지만 그 제목에서 알 수 있듯 새로운 물질성, 즉 신유물론이 새로울 수밖에 없는 이유를 잘 요약하여 제시하고 있다. 이 에세이를 중심으로 다른 문헌들을 참조하면 데란다가 말하는 새로운 물질성이 무엇인지 그 대강을 알 수 있다.

비선형 인과성: 같은 원인에 다른 결과, 다른 원인에 같은 결과

데란다가 먼저 주목하는 것은 인과성causality 개념이다. 그가 말하는 새로운 물질성은 새로운 인과성에서 시작하는 것이다. 데란다는 이제까지의 인과성을 통칭하여 **선형 인과성** linear causality이라고 부르는데, 이 인과성은 '동일한 원인에는 언제나 동일한 결과'로 정식화할 수 있다. 이를 선형 인과성에 대한 동일성-기반 정식화identity-based formulation라고 부를 수 있을 것이다. 선형 인과성은 또한 '동일한 강도intensity의 원인에는 언제나 동일한 강도의 결과'로 정식화할 수도 있다. 이를 선형 인과성에 대한 강도-기반 정식화intensity-based formulation라고 하자. 이러한 정식화는 일견 인과에 대한 상식적인 개념을 직관적으로 잘 포착하는 것처럼 보인다. 원인이 같으면 결과도 항상 같지 않은가? 원인이 같은 정도로 주어지고 있는데 갑자기 결과가 들쭉날쭉할 수 있다는 말인가? 원인에 해당하는 사건이 같은 정도로 일어난다면 그 결과에 해당하는 사건 또한 같은 정도로 일어나는 것은 당연하지 않은가?

그러나 데란다는 '비선형적'non-linear이라고 알려진 현상들을 참조하여 선형적 인과성 개념을 공격한다. 그가 우선 문제 삼는 것은 강도-기반의 선형적 인과성인데, 그 대표적인 사례는 물질이 외부로부터 부하를 받아 변형되는 현상이다.[4] 만약 동일한 강도의 원인이 항상 동일한 강도의 결과를 낸다면 물질에 동일한 부하를 계속 추가할 경우 물질의 변형 또한 증가하는 부하에 정비례하는 방식으로 일어나야 할 것이다. 이는 복원력과 관련된 훅의 법칙Hook's law으로 이미 잘 알려져 있다. 따라서 훅의 법칙에 대한 반례는 곧 강도-기반의 선형적 인과성에 대한 반례가 될 것이다. 데란다가 선택한 사례는 재미있게도 입술과 고무

4 Manuel DeLanda, "The New Materiality", 17.

풍선이다. 입술과 같은 유기 조직은 동일한 크기의 부하가 계속 주어질 때 그에 정비례하여 늘어나지 않는다. 오히려 그것은 시간이 흐름에 따라 처음에는 지수함수적으로, 즉 J자 곡선을 그리며 늘어나다가 어느 순간이 되면 아무리 부하를 가해도 늘어나지 않는다. 계속 잡아당긴다고 한없이 늘어나는 입술은 당연히 없을 것이다. 반면 고무 풍선을 불 때, 처음에는 풍선을 불기 어렵지만 어느 순간 불기 쉬워지고 어느 순간이 되면 다시 불기 어려워진다. 만약 동일한 압력으로 계속 공기를 주입한다면 고무 풍선은 처음에는 잘 부풀지 않다가 어느 순간을 지나면 쉽게 부풀고 또한 어느 순간 이후부터는 잘 부풀지 않을 것이다. 주입되는 공기의 압력을 일정하게 유지했을 때, 시간의 흐름에 따른 풍선의 부피 변화가 S자 곡선을 그리는 것이다. 이런 사례들은 추가되는 부하가 동일해도 변형되는 정도는 동일하지 않다는 사실을 보여준다. 입술은 동일한 강도로 잡아당겨지고 있지만, 늘어나는 정도는 증가하다가 어느 지점에 이르면 0으로 수렴한다. 고무 풍선이 부푸는 정도는 처음에는 0에 가깝지만, 어떤 지점 이후에는 빠르게 증가하며 다른 지점을 지나면 다시 급속도로 줄어든다. 두 사례 모두에서 당기는 힘이나 공기의 압력이 일정하다는 점에서 원인이 동일한 강도로 주어진다고 할 수 있지만, 변형되는 정도가 힘이나 공기에 정비례하지 않는다는 점에서 결과가 동일한 강도로 일어난다고 할 수는 없다. 원인이 같은 정도로 주어지고 있는데도 결과의 강도는 경우에 따라 들쭉날쭉한 것이다.

데란다는 동일성-기반으로 정식화된 선형적 인과성에도 문제를 제기한다. 분명하게 서술되지는 않았지만, 데란다가 선형 인과성의 동일성-기반 정식화를 통해 포착하고자 하는 것은 원인과 결과 사이의 엄격한 일대일one-to-one 대응이다. 즉 '동일한 원인에는 언제나 동일한 결과'는 '원인이 동일하면 결과도 언제나 동일하다'와 역으로 '결과가 동일하면 원인도 언제나 동일하다' 모두를 함축하는 것이다.[5] 그렇다면 동일성-기반의 선형 인과성에 대한 반례는 '상황에 따라서는 같은 원인이 다른 결과를 낼 수 있다'거나 또는 '가끔은 다른 원인이 동일한 결과를 낼 수도 있다'가 되어야 할 것이다. 데란다는 각각에 해당하는 사례들을 생명과학에서 찾는다. 현대 생물학과 생리학은 동일한 원인이 작용하는 부위에 따라서 다른 결과를 야기하는 경우가 있음을 밝혀냈다. 데란다가 예로 드는 것은 식물의 성장과 관련된 호르몬이다. 어떤 호르몬은 말단에 작용하면 성장을 자극하지만 뿌리에 작용하면 성장을 방해한다. 작용하는 성장 호르몬이 동일하다는 점에서 동일한 원인이 작용했지만 성장에 미치는 효과가 완전히 반대라는 점에서 다른 결과가 나온 것이다. 이는 인과의 맥락의존성context-dependency을 보여준다. 하나의 동일한 원인이 여럿의 다른 결과에 대응한다. 원인과 결과 사이에 일대다one-to-many 대응이 성립하는 것이다. 또한 대사metabolism

5 데란다가 이런 식으로 분명하게 서술하지는 않지만, 이렇게 읽어야만 그가 제시하는 반례들이 어떻게 반례가 되는지를 이해할 수 있다.

에 대한 연구는 다른 원인들이 동일한 결과를 낼 수 있음을 보여준다. 대사의 생리학적 메커니즘은 외부 환경으로부터의 다양한 자극은 실제로는 단지 촉매catalysis 역할을 할 뿐이며 실질적인 변화는 유기체 내부에서 작동하는 인과 고리들causal loops을 통해 일어난다는 것을 보여준다. 이 때문에 촉매 작용을 하는 외부의 자극이 다양함에도 불구하고 유기체의 인과적 작용들은 항상적으로 유지될 수 있다. 원인에 해당하는 촉매 작용이 달라지더라도 결과에 해당하는 유기체의 내부 상태는 달라지지 않을 수 있으며, 따라서 "그러한 체계에서는 다른 원인들이 같은 효과로 이어질 수 있다." 이 사례는 하나의 동일한 결과에 여럿의 다른 원인이 대응할 수 있다는 것, 즉 원인과 결과 사이에 다대일 many-to-one 대응이 성립할 수 있다는 것을 보여준다. 이러한 생명과학의 사례들을 고려하면 더 이상 원인과 결과 사이의 일대일 대응을 무조건적으로 받아들일 수 없게 된다. 결국 동일한 원인이 경우에 따라 다른 결과를 낼 수 있으며, 다른 원인이 경우에 따라 같은 결과를 낼 수 있다고 해야 한다. 동일성-기반으로 정식화된 선형 인과는 인과의 특수한 경우일 따름인 것이다.

이렇게 선형 인과성에서 **비선형 인과성**으로의 이행이 이루어진다. 이러한 이행은 물질의 존재론에 심대한 영향을 준다. 물질에 가해지는 원인은 동일하지만 경우에 따라 물질이 산출하는 결과가 달라진다는 것은 물질이 **경우에 따라 작용하는 방식을 스스로 바꾼다**는 것을 의미한다. 훅의 법칙에 대한 반례들에서 이는 명백하다. 입술은 초기에는 동일한 강도의 부하에 대해 많이 늘어나지만 어느 순간부터는 아예 늘어나지 않고 굳어 버린다. 이는 그 순간 이전과 이후에 입술이 각기 다른 능력을 발휘한다는 것을 의미한다. 입술은 어느 순간까지는 점점 증대하는 유연성을 발휘하지만 그 순간이 지나면 더 이상 늘어나지 않는 내구성을 발휘하는 것이다. 이는 입술이 특정한 순간 이전에는 내구성의 능력을 '숨기고' 있다가 그 순간을 계기로 발휘한다는 것을 의미한다. 고무 풍선도 마찬가지다. 공기는 언제나 동일한 압력으로 주입되고 있지만 고무 풍선의 부피 변화의 양상은 어떤 지점들을 기준으로 달라진다. 고무 풍선은 처음에는 '버티다가' 곧 외부의 압력에 순순히 '맞춰 주고' 어떤 지점을 지나면 다시 '저항하기' 시작하는 것이다. 외부에서 들어오는 공기의 압력은 언제나 동일하므로, 작용의 양상을 바꾸는 것은 고무 풍선이라고밖에 할 수 없다. 그렇다면 어떤 지점 이전까지는 잘 부풀지 않는 고무 풍선에도 그 지점 이후에 압력에 맞춰서 변하는 능력이, 그리고 어느 순간에는 다시 저항하는 능력이 숨겨져 있다고 해야 할 것이다. 대사나 성장호르몬의 경우도 마찬가지다. 대사의 경우 서로 다른 촉매들이 동일한 세포의 인과 고리들을 작동시키는 능력을 숨기고 있으며, 반대로 동일한 인과 고리는 여러 촉매들에 의해 작동되는 능력을 숨기고 있는 것이다. 마찬가지로 성장 호르몬 또한 맥락에 따라서 여러 결과를 낼 수 있는 능력을 갖고 있다고 할 수 있다. 데란다가 드는 비선형 인과성의 사례들은 물질이 경우에 따라 스스로 자신의 능력을 바꿀 수 있음을 분명하게 보여준다. 이런 비선형 인과성으로부터 자신의 내재적 능력 또는 행위성을 능동적으로 발휘하는 물질, 즉 새로운 물질성을 엿볼 수 있다.

물질의 이중생활: 현실적인 것과 잠재적인 것

비선형 인과성의 사례들은 물질의 모양이나 크기, 무게, 구조가 '어떠한가' 만큼이나 그것이 '어떻게 작용할 수 있는가'의 측면 또한 중요하다는 사실을 드러낸다. 이 때문에 데란다는 물질의 본성을 새롭게 사유하기 위해서는 물질을 그것의 "속성들properties 뿐만 아니라 그들의 능력들capacities로 특성화하는 것"이 중요하다고 말한다.[6] 이렇게 비선형 인과성의 발견은 물질의 속성과 능력에 대한 존재론적 구분으로 이어진다. 데란다가 물질의 속성과 능력을 구분하면서 즐겨 드는 사례는 칼이다.[7] 칼은 어떤 상태에 있음으로써 특정한 속성들을 가진다. 가령 날카로움은 칼의 전형적인 속성이다. 속성들의 특징은 다른 존재자들과의 관계와 무관하게 물질에 귀속된다는 것이다. 속성을 갖기 위해서 물질이 별도로 해야 할 일은 없다. 반면에 칼은 다른 존재자들에 작용함으로써 뭔가를 할 수 있다. 그것은 요리할 때

6 Manuel DeLanda, "The New Materiality", 17.
7 Manuel DeLanda, "The New Materiality", 17-18.

식재료를 자를 수도 있고, 사람을 찌를 수도 있고, 도마를 두들겨서 소리를 낼 수도 있다. 이것들은 칼이 할 수 있는 바, 즉 칼의 능력들이다. 능력은 속성과는 달리 다른 존재자들과의 관계에 따라 발휘되거나 발휘되지 않을 수 있다. 칼의 절단 능력은 예컨대 치즈나 버터에 대해서는 매우 잘 발휘되겠지만 티타늄 같은 물질에 대해서는 거의 발휘되지 못할 것이다. 흥미롭게도 여기서 데란다가 도입하는 속성과 능력의 구분은 분석철학에서 말하는 정언적categorical 속성과 성향적dispositional 속성의 구분에 대응한다.

속성과 능력을 구분하면서, 데란다는 이를 널리 알려진 들뢰즈의 개념쌍과 연결한다. 그것은 바로 **현실적인 것**the actual 과 **잠재적인 것**the virtual이다. "속성들은 언제나 현실적인데, 왜냐하면 주어진 어느 시점에서나 칼은 날카롭거나 날카롭지 않기 때문이다. 그러나 절단이라는 인과적 능력은 그것이 현재적으로 사용되고 있지 않을 경우 필연적으로 현실적이지는 않다."[8] 그러나 칼이 실제로 뭔가를 자르고 있지 않다고 해서 또는 돌이나 강철을 자르지 못한다고 해서 칼의 절단 능력을 실재하지 않는 것으로 간주하는 것은 터무니없는 일일 것이다. 그런 경우들은 실재하는 절단 능력이 그에 맞는 조건이 갖춰지지 않았기 때문에, 즉 적합한 존재자들과의 관계 속에 있지 못했기 때문에 발휘되지 못한 것으로 봐야 한다. 칼의 절단 능력은 발휘되건 안 되건 그 자체로 충분히 실재적이다. 만약 그 능력이 실재적이지

8 Manuel DeLanda, "The New Materiality", 18.

않다면, 즉 그것이 사회적 구성물 또는 실용적 허구일 뿐이라면, 우리는 어린아이가 칼을 만질 때 그렇게 화들짝 놀라지 않을 것이고 칼이 잘 들지 않을 때 그렇게 짜증을 내지 않을 것이다. 칼의 사례는 들뢰즈의 가장 중요한 구분 중 하나를 직관적으로 이해할 수 있게 해 준다. 칼의 절단 능력은 실재적이지만 또한 잠재적이다. 절단 능력은 없지 않고 분명히 실재하지만, 항상 발휘되고 있지는 않다는 점에서 현실적이지는 않다. 이렇게 **실재적이지만 현실적이지는 않은**real but not actual 것을 들뢰즈는 잠재적인 것이라고 불렀다. 모든 능력, 역량, 힘은 잠재성의 영역에 속하며 따라서 현실적이지 않으면서도 여전히 실재적이다. "이는 능력들이 현실적이지 않고서도 실재적일 수 있음을 함축한다."[9] 속성들은 현실적으로, 즉 '뭐가 어쨌건 그러한' 것으로 존재한다. 반면에 능력들은 실시간으로 발현되고 있지는 않더라도 '여차하면 일을 저지를' 수 있는 것으로 존재한다. 들뢰즈는 이에 대해 다음과 같이 말한다.

> 잠재적인 것은 실재적인 것에 대립하지 않는다. 다만 현실적인 것에 대립할 뿐이다. 잠재적인 것은 잠재적인 한에서 어떤 충만한 실재성을 소유한다. … 잠재적인 것은 심지어 실재적 대상을 구성하는 어떤 엄정한 부분으로 정의되어야 한다—마치 실재적 대상을 구성하는 어떤 자신의 부분들 중 하나를 잠재성 안에 갖고

9 Manuel DeLanda, "The New Materiality", 18.

있는 것처럼 그리고 어떤 객관적 차원에 해당하는 그 잠재성 안에 잠겨 있는 것처럼 정의되어야 한다. … 잠재적인 것의 실재성은 미분적 요소들과 비율적 관계들 안에 또 이것들에 상응하는 특이점들 안에 있다. 구조는 잠재적인 것의 실재성이다. 구조를 형성하는 요소와 비율적 관계들에 대해 우리는 두 가지 점을 조심해야 한다. 먼저 그것들이 갖고 있지 않는 실재성을 부여하지 말아야 하고, 다른 한편 그것들이 갖고 있는 실재성을 박탈하지 말아야 한다.[10]

데란다는 물질이 이러저러한 속성을 가지면서도 그 이면에서 다양한 능력들을 가지는 상황을 두고 "물질적 체계의 이중생활" double life of material systems이라고 한다.[11] 물질의 결정된 속성들이 물질의 드러난 공적인 삶이라면, 물질이 숨기고 있는 여러 능력들은 반드시 실시간으로 발휘되지는 않는다는 의미에서 물질의 감춰진 사생활과 같다는 것이다. 그러나 물질의 이중생활은 대칭적이지 않다. 물질의 공적인 삶, 즉 속성들은 다른 존재자와의 관계와 무관하게 결정된 것으로 주어지고 따라서 물질 그 자체를 고찰함으로써 원칙적으로 알 수 있는 것이다. 그러나 능력들은 다르다. 능력들은 다른 존재자들과의 가능한 관계들에 열려 있기 때문에 몇 가지로 정해지지 않는다. 따라서 물질의 속성들은

10 질 들뢰즈,《차이와 반복》, 김상환 옮김, 민음사, 2020, 455-456. 용어 통일을 위해 번역 일부 수정.

11 Manuel DeLanda, "The New Materiality", 18.

유한한 반면 그것이 가지는 능력들은 거의 무한할 수 있다. 가령 입술의 속성들, 즉 어떤 종류의 세포들로 구성되었는지, 몇 개의 세포로 구성되었는지, 세포의 구조는 어떠한지, 무게는 얼마인지 등은 입술이 어떤 것과 어떻게 관계 맺는지와는 무관하게 이미 정해져 있다. 그러나 입술의 능력은 어떤가? 입술은 특정 시점에서 더 잘 늘어나는 능력을 발휘할 것이고 또한 어느 순간 이후 늘어나지 않고 버티는 능력을 발휘할 것이다. 그뿐만이 아니다. 입술은 예를 들어 성대에서 뿜어져 나오는 공기와 관계 맺으면 다양한 소리를 낼 수 있고 얼굴에서 움직이는 다른 근육들과 관계 맺으면 여러 가지 표정을 지을 수 있다. 공급되는 혈액과 관계하면 부풀어 오를 수 있고 반대로 혈액이 모자라면 변색되거나 부패할 수도 있다. 즉 그것은 어떤 존재들과 관계 맺느냐에 따라서 수많은 능력을 가질 수 있다. 고무 풍선이 가지는 능력은 특정 지점 이후부터 신축성이 변하는 능력에 국한되지 않는다. 그것은 특정 온도 이상에서는 녹아내리는 능력, 심지어 어떤 상황에서 강아지나 공룡 등 여러 모양으로 변형될 능력, 그래서 어린 아이들을 즐겁게 하는 능력 등 무수한 능력들을 가진다. 데란다는 다음과 같이 말한다. "우리는 주어진 존재를 정의하는 속성들을 다른 존재들과 상호작용하는 능력과 구분할 수 있다. 속성들은 주어지기도 하고 닫힌 목록으로 계산될 수도 있지만 능력은 주어지지도 않고—능력은 상호작용에 적합한 존재가 주변에 없으면 작동하지 않을 수도 있다—잠재적으로 열린 목록을 형성하기 때문에, 주어진 존재가 어떤 식으로 아주 많은 다른 존재들과 영향을 주고받을지 미리 말할 수가 없다."[12] 물질이 가질 수 있는 능력들은 가능적으로 무한하며 그 능력들이 발휘되는 방식들, 즉 가능한 작용들 또한 무한한 것이다.

물질의 능력들이 "잠재적으로 열린 목록을 형성"한다는 것은 여러 사례를 통해 확인된다. 현재 인터넷을 열심히 뒤지다 보면 사제 폭탄 제조법들을 찾을 수 있는데, 이런 것들은 어떤 물질들이 어떤 물질과 관계했을 때 발휘할 수 있는 가공할 능력들을 보여준다. 폭탄을 구성할 수 있으리라고는 전혀 예상치 못했던 일상적인 물질들도 어떤 물질들과 배합되고 결합되는지에 따라서 폭발력을 가질 수 있다. 많은 물질들이 사실상 잠재적인 폭발물인 것이다. 사제 폭탄으로 테러를 할 수도 있고, 바위를 부술 수도 있으며, 재미로 사람들을 놀라게 할 수도 있다. 한국 불교에서 널리 읽히는《초발심자경문》初發心自警文에는 '우음수성유 사음수성독' 牛飮水成乳 蛇飮水成毒이라는 구절이 있는데,[13] 데란다라면 이 구절을 두고 H_2O 분자들이 소의 생리 체계와 관계 맺으면 우유로 작용할 수 있는 능력을 얻는 반면 뱀의 생리 체계와 관계 맺으면 독으로 작용할 수 있는 능력을 얻게 된다고 읽을 것이다. 게다가 우유의 쓰임새도 독의 쓰임새도 가능적으로 무한하다. 우유는 아기의 신체를 구성할 수도 있고 치즈의 재료가 될 수도 있다. 뱀 독은

12 마누엘 데란다,《새로운 사회철학: 배치 이론과 사회적 복잡성》, 김영범 옮김, 그린비, 2019, 25.

13 소가 마신 물은 젖이 되고 뱀이 마신 물은 독이 된다는 뜻이다. 동일한 내용의 속담이 여기서 나왔다.

사냥용 무기가 될 수 있지만 또한 생물학 표본이 될 수도 있다. 그렇다면 그 구조나 개수 등 결정된 속성만으로 H_2O 분자들이 어떤 능력을 가지는지 또 어떻게 쓰일지를 알 수는 없을 것이다. 사람을 겉으로 드러난 것만 보고 판단해서는 안 되듯이, 물질의 현실적인 속성들만 보고서는 그 잠재적인 능력들과 가능한 작용을 알 수 없다.

특이성들: 문턱, 상태, 끌개들

물질이 현실성과 잠재성이라는 이중생활을 한다면 그리고 물질의 능력, 역량, 힘이 잠재성에 속한다면, 이 능력들이 발휘되는 지점들이나 순간들 또한 있어야 할 것이다. 입술과 같은 유기 조직은 어느 순간을 지나면 신축성이 증가하고, 고무 풍선 또한 어느 지점 이후에는 부푸는 정도가 달라진다. 각각의 물질은 변화가 급변하는 순간 또는 변화 양상이 '튀는' 지점들을 갖는다. 다시 들뢰즈를 참조하여 데란다는 이런 튀는 지점들을 **특이성들** singularities이라고 부른다. 특이성은 일차적으로 잠재성으로서의 능력들이 현실적으로 발휘되는 계기들을 말한다. 입술의 늘어난 정도가 그리는 곡선 또는 고무 풍선의 부피 변화가 그리는 S자 곡선의 변곡점들이 바로 각각의 특이성들을 표현한다. 유기체의 내부 변화 또한 마찬가지다. 유기체의 내부 상태는 어떤 임계점 critical point 이전까지는 거의 변화가 없이 안정적으로 유지되지만,

임계점에 이르게 되면 다른 내부 상태로 급격하게 이행한다. 이처럼 물질의 특이성들은 물질의 잠재성이 현실화되는 **문턱들** thresholds이라고 할 수 있다. 가장 쉽게 생각할 수 있는 사례는 H_2O 분자들의 어는점, 녹는점, 끓는점이다. '양적 변화가 질적 변화를 초래하는' 순간들이 특이성들인 것이다. 그런데 이런 잠재성들의 현실화 중에서도 다른 것에 비해 상대적으로 전형적이고 일반적인 것들이 있다. 가령 H_2O 분자들은 앞서 말한 것처럼 무한한 방식으로 작용할 수 있지만, 그럼에도 불구하고 그들이 가질 수 있는 **상태들**states은 고체, 액체, 기체로 정해져 있다. 데란다는 이렇게 유한하고 제한적인 가능한 상태들로 현실화하는 능력들을 경향tendencies으로 따로 분류한다. 그리고 이런 물질이 취할 수 있는, 유한하고 제한된 전형적인 상태들 또한 특이성이라고 부른다. "우리는 유기적 존재자들이 다양한 안정적인 상태들을 소유하는 경향이 있다고 했다. 이 안정적인 상태들도 또한 특이성들이다."[14] 즉 특이성이란 물질의 잠재성이 현실화하는 계기뿐만 아니라 물질이 있을 수 있는 전형적이고 안정적인 상태들을 말한다. 이 안정적 상태로서의 특이성들은 전형적이고 유한하기 때문에 엄밀한 형식적 연구의 대상이 될 수 있다. 가령 동역학에서는 시간에 따라 물질의 상태가 어떻게 변하는지를 상태 공간state space을 통해 시각적으로 모형화 modelling할 수 있는데, 특정한 물질에 고유한 안정적 상태들 또한

14 Manuel DeLanda, "The New Materiality", 20.

이런 방식으로 표현할 수 있다. 그런데 이때 모형화되는 물질의 상태 변화는 상태 공간에서의 특정 영역들, 즉 **끌개들**attractors로 수렴되는 양상을 보인다.[15] 물질들이 특정한 형태를 띠게 되는 것은 이런 끌개들 덕분이다. 비눗방울이나 결정들은 표면 에너지를 최소화하는 경향을 갖고 이 때문에 그들의 형태 변화는 안정적인 상태들로 수렴하게 된다. 유체의 상태 변화도 마찬가지다. 지각의 판 구조를 변화시키는 용암의 흐름은 안정적인 주기적 상태들을 향해 수렴하는 경향이 있는데, 이런 의미에서 판 구조의 변화는 주기 끌개periodic attractor에 의해 지배되고 있다고 할 수 있다.[16] 이 끌개들도 특이성을 구성한다. 결국 특이성은 현실화의 문턱들과 안정적인 상태들 또는 끌개들로 구성된다고 할 수 있다.

이 특이성들이 잠재성으로서의 실재를 구성한다. 데란다는 잠재성의 실재성을 명확하게 정의한다. "그것의 실재성은 특이성들의 미분적인 요소와 분포에 따른 구조에 의해 정의된다."[17] 다시 말해 물질의 실재성은 현실성과 잠재성으로 나뉘고 그중 잠재성은 특이성들에 의해 구성되는 것이다. 입술이 언제 신축성을 상실하고 굳어 버리는지, 그때 어떤 상태에 있게 되는지, 어떻게 그 상태들로 변하는지는 모두 입술이라는 유기

15 상태 공간을 구성하는 축들, 즉 차원들(dimensions)에 따라 끌개들의 형태도 달라진다. 가령 2차원 상태 공간에서 끌개는 1차원인 점으로 나타나며 3차원 상태 공간에서는 선으로 나타난다.

16 Manuel DeLanda, "The New Materiality", 20.

17 Manuel DeLanda, "The New Materiality", 19.

조직이 가지는 "특이성들의 미분적인 요소와 분포"에 의해 결정될 것이다. 고무 풍선이 스스로 작용 방식을 바꾸는 지점들, 그 지점에서 갖게 되는 안정적 상태들도 마찬가지다. 특이성들이 어떻게 분포하는지에 따라서 '물질이 어떻게 변할 수 있는지'가 결정되는 것이다. H_2O 분자들은 1기압하에서 어는점에 다다르면 고체가 될 수 있지만 액체가 될 수는 없다. 어느 정도 이상의 압력으로 부푼 고무 풍선은 그 크기를 유지하거나 줄어들 수만 있을 뿐 더 부풀 수는 없다. 비눗방울의 모양은 표면 에너지를 최소화하는 형태를 향해 갈 수 있을 뿐 다른 방식으로 변할 수는 없다. 이처럼 물질의 특이성이 어떻게 분포되어 있는지에 따라 물질에서 가능한 것과 불가능한 것이 달라진다. 특이성들의 분포에 따라 **가능성 공간의 구조**the structure of possibility space가 결정되는 것이다. 그러므로 잠재성이란 특정하게 분포한 미분적인 특이성들에 의해 빚어진 가능성 공간의 구조를 말한다.

물질에 실재하는 잠재성이야말로 데란다가 말하는 새로운 물질성의 핵심이라 할 수 있다. 물질은 외부에서 주어지는 동일한 원인에 따라서 동일한 결과만을 산출하는 기계적이고 결정론적인 사물, 무력하고 수동적인 질료가 아니다. 그것은 선형 인과성에 종속되지 않으며 오히려 경우에 따라서는 동일한 외부 원인에 대해 스스로 반응하여 다른 결과를 내놓는 비선형 인과성을 따른다. 물질의 비선형 인과성은 특이성들로 구성된 물질의 잠재성을 드러내는데, 이는 물질의 비선형적 작용과 변화를 설명하기 위해서는 외부 원인만으로는 부족하다는 사실을 보여준다. 물질의 현실적인 작용과 변화를 완전하게 이해하기 위해서는 그것의 잠재성에 호소해야만 하는 것이다. 입술이 어떤 특이성들을 가지며 그 특이성들이 어떻게 분포되어 있는지를 고려하지 않고서는, 즉 그것이 어떤 문턱들을 가지며 그 상태가 어떤 끌개로 수렴하는지를 고려하지 않고서는 동일한 부하를 받는 입술의 변화를 이해할 수 없다. 고무 풍선의 부피 변화가 그리는 S자 곡선을 이해하기 위해서는 현실적으로 드러난 풍선의 속성들이 아니라 고무 풍선이 언제 스스로 작용 방식을 바꾸는지, 어떤 끌개로 수렴되는 경향이 있는지를 알아야만 한다. 이 때문에 데란다는 물질이 가진 특이성들의 설명적 역할과 물질 외부에서 주어지는 원인의 설명적 역할을 구분한다. 어떤 시점에서 왜 저런 특정한 결과가 산출되는지를 설명하기 위해서는 외부 원인에 의해 결과가 산출되는 특정한 메커니즘에 호소해야 하지만, 물질의 결과들이 왜 하필 특정한 상태들을 향한 경향을 보이는지를 설명하기 위해서는 물질 자체가 가진 현실화의 문턱들과 끌개들의 분포에 호소할 수밖에 없다는 것이다. 가령 물이 왜 어는지를 이해하려면 1기압하 0도라는 조건에서 H_2O 분자들이 '어떻게' 운동에너지를 잃으면서 육각형 터널 구조를 형성하는지를 알아야 하지만, 또한 그 조건에서 '왜 하필' 주로 육각형 터널 구조를 이루는지도 알아야 한다. 이를 위해서는 0도가 H_2O 분자들의 상태가 변화하는 데 문턱이 된다는 사실, 육각형 터널 구조가 그 문턱에서 H_2O 분자들이 가지는 안정적인 상태라는 사실을 알아야만 한다. 따라서 "물질적 체계의 창조적 행태를 설명하기 위해 우리는 통상적으로 그 체계가 어떻게 산출되는지를 설명하는 메커니즘에 대한 기술과 그 체계에 의해 선호되는 안정적 상태들은 물론 그 양적 변화에서 질적 변화로의 이행들을 설명해 주는 가능성 공간의 구조에 대한 기술 모두를 필요로 한다."[18] 물질은 오랫동안 오해되어 왔듯이 외부 원인에 의해서만 작용하고 변하는 게 아니라 언제나 고유한 잠재성을 통해 자신이 어떤 정해진 상태에 있도록 스스로 작용하고 변한다. 비선형 인과성과 복잡계 동역학 속에서 물질은 새롭게 태어나는 것이다.

데란다가 제시하는 새로운 물질성이란 결국 **자신의 형태와 작용을 스스로 결정하는 물질의 잠재력**과 다르지 않다. 물질은 더 이상 구체적인 형태를 갖기 위해 바깥으로부터 자신을 빚어내 줄 어떤 행위성이나 힘이 가해지기를 기다리는 소재가 아니다. 그것은 외부의 조건에 맞춰 자신의 능력을 발휘하면서도, 어떤 지점에 다다르면 스스로 알아서 자신이 발휘할 능력을 바꾸며, 그런 경향들을 통해서 자신에게 고유한 안정적 상태들로 스스로를 끌고 가는 능동적 실재인 것이다. 그런 물질은 아리스토텔레스가 질료인이라고 부른 것일 수 없다. 아리스토텔레스적 원인론에서는 형태형성morphogenesis과 관련된 능동성과 행위성이 전부 형상인formal cause과 작용인efficient cause에 귀속된다. 질료가 가지는 형태의 기원은 형상인에, 그 형태를 물질에 구현시키는 힘 또는 행위성은 작용인에 할당되는 것이다. 이런 원인론에서 질료, 즉 물질은

18 Manuel DeLanda, "The New Materiality", 20.

자신의 형태와 관련하여 어떤 지분도 가지지 못한다. 형태도, 형태를 구현하는 행위나 힘도 물질과는 무관하기 때문이다. 그러나 데란다가 제시하는 물질은 이와는 판이하게 다르다. 물질은 외부로부터 형상form이 찍히기를 고대하고 있는 무력한 질료가 아니다. 그것은 오히려 조건만 맞으면, 때만 되면 얼마든지 스스로를 어떤 형태로 빚어내려고 애쓸 수 있는 존재다. 더 이상 당겨지지 않고 찢어지기 직전인 입술의 형태, 그 형태는 누가 만든 것일까? 이전이나 지금이나 외부에서 주어지는 부하는 동일하므로 외부에서 가해지는 부하가 그 형태를 만든 것일 수는 없다. 입술 스스로가 그런 형태를 취한 것이다. 어는점에 진입한 H_2O 분자들에 얼음 결정의 형태를 찍어 준 것은 다른 무엇도 아닌 H_2O 분자들 자신이다. 비눗방울을 그런 모양으로 만든 것은 비눗방울에 분포한 특이성들인 것이다. 즉 물질은 자신만의 **형태형성적 힘**morphogenetic power을 가진다. 신의 섭리와 같은 어떤 초월적인 원리가 아니라 이 형태형성적 힘이야말로 물질의 창조성의 원천이다. "초월성이 축출되고 내재적인 형태형성적 힘이 참된 새로움과 창조를 위한 수단을 제공하는 물질적 세계야말로, 그에 대해 실재론자가 될 만한 가치가 있는 그런 종류의 세계일 것이다."[19]

19 Manuel DeLanda, "The New Materiality", 21.

횡단하는 구조: 물질의 다른 이름들

새로운 물질성이란 결국 특정하게 분포한 미분적인 특이성들에 의해 빚어진 가능성 공간의 구조라고 할 수 있다. 데란다는 들뢰즈의 존재론 속에서 이 가능성 공간의 구조를 가리키는 여러 가지 다른 이름들을 찾아낸다. 데란다에 따르면 가능성 공간의 구조는 때때로 **다양체**manifold로 불린다. 다양체란 위상 공간phase space을 구성할 때 사용되는 미분기하학적 공간을 이르는 말인데, 이 말은 또한 **디아그람**diagram이라는 용어와 혼용된다. 들뢰즈는 디아그람을 "힘의 관계나 영향을 주고받는 능력의 분배"로 정의한다.[20] 앞서 설명했듯이, 능력은 잠재성에 속하는 것으로 어떤 상황에서는 현실적으로 발휘되지만 다른 상황에서는 그렇지 못하다. 그렇다면 "영향을 주고 받는 능력의 분배"란 능력이 현실화되는 지점들, 현실화된 상태들, 그 상태들이 변화하는 패턴들을 의미할 것이다. 이들 각각은 정확히 문턱들, 안정적 상태들, 끌개들에 대응한다. 능력들의 분배, 즉 디아그람은 특이성들이 분배된 구조를 말하는 셈이다. 데란다는 위상학적 불변항topological invariants으로 존재하면서 가능성 공간의 구조를 결정하는 끌개들을 보편적 특이성universal singularities이라고 부른다. 왜냐하면 "그것은 제각기 다른 많은 체계에 의해

20 마누엘 데란다, 앞의 책, 57. 주석 9.

공유되는 특이하거나 특별한 위상학적 특성이기 때문이다."[21] 나아가 데란다는 **배치**assemblage의 디아그람을 말한다. "배치는 들뢰즈가 **디아그람**이라고 지칭했던 것, 체제에 해당하거나 더 정확히 말해서 배치와 연관된 가능성 공간을 구축하는 보편적 특이성의 집합을 통해서 특징지어진다. 그러므로 사람, 공동체, 조직, 도시 그리고 민족 국가는 모두 개별적 특이성이고 이러한 존재들 각각은 자유도를 나타내 주는 차원과 보편적 특이성의 집합에 의해 특징지어지는 가능성 공간과도 연관된다. 그로 인해 이러한 사회적 배치들 각각은 고유한 디아그람을 갖게 된다."[22] 디아그람은 잠재성으로 존재하기 때문에 "**형식화되지 않은 기능들**unformalized functions과 **형성되지 않은 물질**unformed matter을 포함" 하는데, 이는 그것이 일종의 "추상적 구조"라는 뜻이다.[23] 여기서 디아그람은 들뢰즈와 과타리가 말하는 **추상 기계**abstract machines와 만난다. 신유물론의 시작을 알렸던 데란다의 에세이에서 추상 기계는 디아그람과 동일시된다.[24] 데란다는 허리케인과 증기기관이 모두 열역학적으로 카르노 순환Carnot cycle을 따른다는

21 마누엘 데란다, 앞의 책, 57. 이와 구별되는 것들이 개별적 특이성(individual singularities) 또는 이-것임(haecceties)들이다. 개별적 특이성은 말 그대로 특이성이되 어떤 것과도 공유되지 않은 단독적인 특이성을 말한다.

22 마누엘 데란다, 앞의 책, 57-58. 용어 통일을 위해 번역 일부 수정.

23 마누엘 데란다, 앞의 책, 57. 주석 9. 잠재적인 것으로서의 디아그람은 현실의 정해진 형식이나 규정된 형상이 아니라는 의미에서 '추상적'이라고 할 수 있다.

24 Manuel DeLanda, "The Geology of Morals: A Neo-materialist Interpretation" (1996), http://www.t0.or.at/delanda/geology.htm (최종 접속일: 2022년 8월 30일)

점을 지적하면서 "허리케인은 증기기관이다"라는 진술이 그저 은유가 아니라고 주장한다. 카르노 순환은 공학자들이 증기기관을 만들 때 사용하는 공학적 디아그람에 해당하는데, 데란다는 이렇게 이질적인 물리적 배치들이 공유하는 공학적 디아그람을 포착할 수 있는 들뢰즈와 과타리의 용어로 추상 기계를 들고 있다. 수학적 다양체, 공학적 디아그람, 그리고 추상 기계 모두가 가능성 공간의 구조를 빚어내는 특이성들의 분포를 가리키고 있는 것이다. 그들은 새로운 물질성의 다른 이름들이다.

데란다에 따르면 추상 기계는 영역과 규모를 가리지 않고 작동한다. 그것은 다양한 규모의 영역들을 횡단한다. 카르노 순환에 해당하는 추상 기계, 말하자면 열역학 기계thermodynamical machine는 허리케인이라는 거대한 자연적 존재자에서도, 증기기관이라는 자그마한 기술적 존재자에서도 작동하고 있다. 그렇다면 열역학 기계는 자연적인 것인가 아니면 인공적인 것인가? 그것은 인공물의 작동을 규제한다는 점에서 순전히 자연적이라고 할 수 없지만 자연물의 운동을 규제한다는 점에서 그저 인공적이라고 할 수도 없다. 똑같은 논리로 열역학 기계는 자연물의 운동 원리이자 동시에 인공물의 작동 원리다. 열역학 기계는 자연에도, 문화에도 머무르지 않은 채 둘 사이를 가로지르고 있는 것이다. 그러나 열역학 기계가 허리케인과 증기 모터를 가로지르고 있다 해서 허리케인과 증기기관 사이에 현실적인 차이가 없어지지는 않는다. 허리케인과 증기기관은 여전히 달라도 너무 다르다. 즉 허리케인과 증기기관의 잠재적인 카르노 순환은 열에너지를 통해 작동하는 카르노 기관 내부의 열 순환과정을 의미한다. 여기서 카르노 기관은 이론적으로 최대의 열효율을 가지는 것으로 가정되며 따라서 카르노 순환은 이상적으로 효율적인 순환과정이라고 할 수 있다. 카르노 순환은 등온 팽창, 단열 팽창, 등온 압축, 단열 압축의 순서로 진행되는 네 가지 과정으로 이루어진다. 어떤 과정부터 시작하건 이 네 가지 과정은 계속 순환한다. 실제 열기관은 마찰 등의 요인 때문에 카르노 기관과 같은 열 효율을 낼 수 없다. 실제 순환과정을 카르노 순환에 가장 근사적으로 수정함으로써 열 기관의 열 효율을 높일 수 있을 따름이다.

동역학은 열역학 기계의 작동을 통해 통일적으로 다루어질 수는 있지만, 그럼에도 불구하고 둘은 현실적인 공통점이 없기에 서로 다른 것, 즉 차이 나는 것으로 남는 것이다. 허리케인과 증기기관은 하나의 변화 원리를 따르지만 한통속으로 묶이지는 않는다. 이와 같이 열역학 기계는 총체성 없는 통일성, 종합 없는 구성이라는 횡단성의 특징을 분명하게 보여주고 있다. 데란다는 이런 횡단성을 사회와 역사로 확장한다. 그는 허리케인과 증기기관이 잠재적으로 공유하는 디아그람 또는 추상 기계가 있듯이, 계급이나 카스트와 같은 사회적인 계층과 지질학적 지층 사이에도 그런 추상 기계가 있을 수 있다고 주장한다. 그는 "역사적인 산물로서 특정한 그물망 meshworks과 위계들을 생산하는 구조-생성적 과정들의 배후에 추상 기계가 있다는 것" 그리고 "은유를 넘어서 지질학적이고 사회적인 지층들이 동일한 공학적 디아그람에 관여한다는 것"을 보이고자 한다.[25] 나아가 데란다는 화강암부터 생태계, 생물종, 유전자,

25 Manuel DeLanda, *ibid*.

시장 속에서까지 그런 추상 기계를 찾아내려 한다. 그가 찾는 것은 범주와 영역들을 가로지르는 디아그람, 현실적 차이들을 그대로 보존하면서 성립하는 어떤 추상적 구조다. 추상 기계는 특이성들의 분포에 의해 빚어진 가능성 공간의 구조이자 동시에 유전자와 광물, 계급과 지층을 횡단하는 구조다. 새로운 물질성은 곧 횡단하는 물질성인 것이다.

데란다가 제시하는 물질의 존재론은 신유물론의 핵심 테마인 새로운 물질성이 무엇인지를 구체적으로 보여주고 있다. 다양한 신유물론들은 그 이질성에도 불구하고 대체로 물질을 능동적이고 창조적인 것으로 본다. 데란다는 현대 기술과학에 기반하여 물질이 왜 그럴 수밖에 없는지에 대한 설명을 제공하고 있다. 그래서 그가 제시하는 새로운 물질성에는 신비롭거나 초월적인 구석이 없다. 물질의 능동성과 창조성이란 관념적이기는커녕 현실적이고 경험적이며, 모호하기는커녕 종종 그 외연을 정확하게 집어낼 수 있을 정도로 명확하다.《강도의 과학과 잠재성의 철학》에 대한 소개를 찾아보면 "들뢰즈의 '잠재성의 존재론'을 현대 수학·물리학·생물학 이론을 동원해 과학철학적으로 재구성" 했다고 나오는데, 이건 절반의 진실일 뿐이다. 데란다는 과학 이론과 데이터를 통해 잠재성의 존재론을 재구성함과 동시에 잠재성의 존재론을 통해 과학 이론과 데이터를 재구성하기도 했기 때문이다. 그의 작업은 말하자면 과학의 존재론-되기 becoming-ontology이자 동시에 존재론의 과학-되기becoming-science, 즉 과학과 존재론의 횡단 또는 교차-생성이다. 과학과 공학,

응용 기술과의 이러한 밀접한 관계는 신유물론 전반에 걸쳐 자주 발견되는 흐름이다. 많은 신유물론자들이 과학이나 기술에 밀착하여 자신의 논의를 전개하며, 그럴 때마다 거의 항상 데란다의 작업을 직간접적으로 참조한다. 신유물론이 과학과 기술을 바탕으로 전개되는 것은 물질을 다루는 존재론이라는 유물론의 정의상 불가피한 측면이 있다. 그러나 데란다의 작업 또한 이러한 경향에 일조했음을 부정할 수 없다. 신유물론이라고 불리는 유물론들은 많지만, 아마도 기술과학에 깊이 뿌리내리고 있는 데란다의 이론만큼 새로운 물질성을 분명하고도 명확하게 드러내 주는 이론을 찾기란 쉽지 않을 것이다. 그러므로 신유물론에서 다양하게 변주되는 물질의 능동성과 창조성이 정확히 무엇인지를 알고 싶다면 데란다의 작업을 꼼꼼하게 훑어야 할 것이다. 결국 중요한 것은 신유물론이 신유물론인 이유니까 말이다.

세 번째 대화

PP 신유물론에는 왜 그렇게 과학과 기술 얘기가 많이 나와?
때로는 너무 번잡스럽고 복잡해서 따라잡기 어려운데. 굳이 그런 걸 해야 되나 싶더라고.

NH 실제로 그런 불평이 있어. 신유물론이 과학과 형이상학, 과학과 존재론을
구분하지 않은 채 일종의 '과학 선망'(science envy)에 빠진 게 아니냐는 거지.
하지만 과연 물질을 다루는 유물론을 하겠다면서 과학과 기술을 모른 척할 수 있을까?
유물론이라는 개념 자체가 물질에 대한 적극적인 존재론을 요구한다면,
과학이나 기술 얘기를 하지 않는 게 오히려 더 이상하지.
유물론이 과학과 기술에 밀착해서 진행되는 상황이 이상하게 느껴진다는
바로 그 사실이 유물론을 탈물질화하는 경향이 얼마나 팽배해 있는지를
방증하고 있는 거야.
유물론이 물질 얘기를 하겠다는 게 뭐가 그리 이상한 일이며,
물질 얘기를 하기 위해서 과학과 기술을 갖고 오는 게 뭐가 그렇게 미심쩍은 일이야?
오히려 그렇게 안 하는 게 더 이상하고 미심쩍지.
유물론이 물질에서 시작하는 게 당연하다면, 그것이 과학과 기술과 연동되는 것도 당연해.

PP 그래도 좀 낯선 건 사실인데.
과도한 것 같기도 하고. 어디서는 막 양자물리학 얘기까지 나오잖아.
그런 게 정말 의미가 있나? 그런 건 그냥 과학의 영역 아냐?

NH 사회철학 하는 사람이 역사학이나 사회학을 하거나
정치철학 하는 사람이 정치경제학을 하는 건 이상하지 않잖아.
그렇다면 유물론이 물리학이나 생물학, 화학, 공학,
컴퓨터 과학을 하는 것도 이상할 일이 아니지.
게다가 이런 추세는 그렇게 드문 것도 아냐.
요즘에 심리철학을 하려면, 특히 좀 새로운 연구를 할 욕심이 있다면
인지과학, 심리학, 신경과학, 인공지능 등의 영역에 대해 최소한
학부 고학년 수준의 지식은 갖춰야 된다고.
물리철학이나 생물철학의 세부 전공으로 들어가면 더 심하고.
다른 걸 다 떠나서, 우리 자신이 이미 기술과학에 '절여져' 있다시피 한 존재잖아.
이런 현실을 인정한다면 기술과학에 대해 거리를 취한다는 건 용인하기 힘들 거야.

PP 그렇긴 한데…

하지만 그러다가 실증주의, 과학주의, 생물학주의, 기술결정론, 기타 등등 뭐 이런 거에 빠지는 거 아냐? 딱 그러기 쉬워 보이는데.

NH 그건 과학과 기술에 밀착하되 신중하게 접근해야 된다는 당연한 상식을 재확인하는 것일 뿐, 그들을 도외시할 이유는 될 수 없어.

과학과 기술을 갖고 유물론을 하자는 게 그들이 밝혀 놓은 걸 주어진 그대로 앵무새처럼 반복하라는 게 아니잖아.

과학에 의해 모든 난제가 다 해결될 거라고 맹목적으로 선언하라는 것도 아니고… 말 그대로 유물론을 하려는 거지.

당연히 그 과정에서 성급한 일반화나 해석상의 실수와 같은 오류의 위험이 언제나 있겠지.

그런데, 과학과 기술을 나 몰라라 하면 유물론이 그런 위험에서 조금이라도 더 자유로워질까? 딱히 그렇지도 않잖아.

네가 방금 말한 것들 때문에 물질에 대한 최선의 지식을 유물론에서 제외하는 건 구더기 무서워서 장 못 담그는 걸로밖에 안 보여.

4장 제인 베넷: 물질적으로 살아 있는

생명에 감염된 변종 유물론: 죽은 물질에서 살아 있는 물질로

'물질은 죽어 있다.' 대부분은 이 문장을 듣자마자 싱거운 소리라며 투덜댈 것이다. 마치 '생명은 살아 있다'는 문장만큼이나 당연하게 들리기 때문이다. 그것은 거의 동어반복처럼 들린다. 물질이라는 말 자체가 이미 살아 있지 않음을 의미하고, 살아 있지 않다는 것은 죽어 있다는 뜻이므로, 물질은 죽어 있다는 말은 딱히 말할 것도 없는 실없는 소리처럼 들리는 것이다. 그런데 물질이 살아 있지 않다고 할 때 부정되는 그 삶은 정확히 어떤 삶인가? 아마도 그것은 생물학적인 삶, 유기체의 생명일 것이다. 하지만 생물학에 국한되지 않는 생명을 말할 수 있다면 어쩔 것인가? 일상언어의 직관을 잠시 내려놓는다면, 살아 있다는 말을 꼭 생물학적이고 유기적인 의미로만 해석할 이유는 없을 것이다. '살아 있다'라는 말은 외부의 개입 없이 스스로 알아서 작용하고 변화하는 능동성을 의미할 수 있다. 그리고 이 능동성은 생물학을 넘어선 삶, 말하자면 유기적 생명 너머의 **비유기적 생명**inorganic life 으로까지 확장될 수 있다. 이런 의미에서라면 물질을 살아 있다고 할 수도 있지 않을까? 물질은 유기적인 의미에서는 살아 있지 않지만 비유기적인 의미에서도 그런지는 분명치 않다. 생물학에 다 담기지 않는, 오히려 생물학을 가능하게 하는 삶이 존재할지도 모른다. 생명을 유기적인 형태에 속박하는 것은 인종차별이나 종차별주의를 유기적인 것과 비유기적인 것 사이에서 다시 반복하는 일일 수도 있다. 어쩌면 물질은 죽은 것이 아닐지도 모른다. 그것은 어쩌면 살아 있을 수도 있다. 제인 베넷의 **생기론적 유물론**은 실제로 그렇다고 한다. 물질이 정말로 비유기적인 의미에서 살아 움직인다는 것이다.

물론 이런 생각을 진지하게 받아들이기는 쉽지 않다. 상식적 직관을 애써 부정하더라도, 생기론적 유물론이라는 이름은 여전히 부담스럽다. 사실 이 말은 철학사와 과학사의 흐름을 정면으로 거스르는 것처럼 느껴진다. 생기론과 유물론은 서로 양립 불가능한 주장을 펼치면서 논쟁해 온 사상들로 알려져 있는데 유물론이 생기론적이라니? 생기론은 온갖 비물질적이고 신비로운 힘들을 끌어들이려 안간힘을 쓰다 현대 과학에 밀려 역사의 뒤안길로 사라진 과거의 유물 아닌가? 어떻게 새롭지도 않고 유물론도 아닌 그런 사상이 21세기에 '신'유물론의 이름으로 귀환한다는 말인가? 온갖 기묘한 언어가 넘쳐나는 현대 철학이라지만, 생기론적 유물론은 정도가 좀 심한 것 같다.

이런 의문들에 맞서 베넷은 "생리학적이고 유기적인 접근에 매여 있던 생명을 그러한 접근으로부터 얼마나 더 떨어뜨릴 수 있는지"를 보여주려고 한다.[1] 유기체의 좁은 경계를 벗어난 생기, 이 **비유기적** 또는 **물질적 생기**inorganic or material vitality는 물질이 발휘하는 힘, 효능, 능력, 행위성과 다른 것이 아니다. 물질적 생기는 물질의 외부에서 주입되거나 부여되는 게 아니라 물질에 내재적이며, 이런 의미에서 물질은 각자의 생기를 '타고난다'고 할 수 있다. 물질이 생기를 타고난다면, 더 이상 그것을 이전의 생기론자들처럼 물질의 외부에서 찾지 않아도 될 것이다. 생기에 대한 이러한 새로운 이해는 생기론적 유물론의 선구자들이 무엇을 제대로 포착하고 무엇을 놓쳤는지를 드러내 준다. 물질적 생기는 생기론자들이 말하는 신비로운 생명력이 아니다. 그것은 삶과 죽음을 넘어선 삶, 움직이는 물질이라면 갖고 있을 수밖에 없는 보편적 힘인 것이다.

물질의 비밀생활: "하나의 생명"

생기론적 유물론에서는 삶과 죽음 사이의 모든 경계가 뭉개지면서 모든 물질들이 나름의 생명을 얻게 된다. 생명은 언제나 생물학적인 유기체에게만 귀속될 뿐 물리적이고

1 제인 베넷, 《생동하는 물질: 사물의 정치생태학》, 문성재 옮김, 현실문화, 2020, 146.

비유기적인 것들에 대해서는 부여되지 않았다. 베넷은 그런 상식과 직관을 정면으로 거스른다. "생명은 오직 생명-물질이라는 이분법의 한 측면에서만 이해될 수 있는가? 아니면 무기적이고 금속적인 생명이 있다고 말할 수 있는가? 혹은 '비가 내릴' 때도 거기에 생명이 있는가?"[2] 결론부터 말하면, 베넷은 빗속에도 생명이, 삶이 있다고 답한다. 벌써 여기서부터 그녀가 말하는 생명이 흔히 말하는 생명이 아니라는 사실을 알 수 있다. 베넷이 말하는 생명은 생명/물질의 이원론에 종속된 생명이 아니다. 그것은 금속에서도, 심지어 무수히 떨어지는 빗줄기 속에서도 찾을 수 있는 그런 생명인 것이다.

물질의 생명을 탐색하면서 베넷이 주요하게 참조하는 논문은 들뢰즈의 〈내재성 : 하나의 생명〉Immanence : A Life…이다.[3] 거기서 하나의 생명은 "약동하는 활기 또는 파괴적이면서도 창조적인 힘-존재"로 그려진다.[4] 그것은 들뢰즈와 과타리가 《천 개의 고원》에서 "물질-움직임, 물질-에너지" 그리고 "배치에 진입하고 그것을 떠난 변화에 놓인 물질" 또는 "의심의 여지없이 어디에나 존재"하는 "'잠재적인' 물질 또는 '물질 에너지'의 '순수한 생산성'"

2 제인 베넷, 앞의 책, 146.

3 Gilles Deleuze, "Immanence : A Life…", *Theory, Culture and Society,* vol. 14, no. 2, 1997, 3-7, 407-411. 제인 베넷, 앞의 책, 148-149, 152-153에서 재인용. 국역본은 질 들뢰즈, 《들뢰즈가 만든 철학사 : 생성과 창조의 철학사》, 박정태 옮김, 이학사, 2007, 20장.

4 제인 베넷, 앞의 책, 149.

이라고 말한 것이다.[5] H_2O 분자들 속에서도 그런 에너지 또는 생산성을 찾을 수 있을까? 액체 상태에 있는 H_2O 분자들의 온도를 올리면 H_2O 분자들은 열에너지를 흡수하여 운동에너지로 변환한다. 온도가 올라갈수록 H_2O 분자들은 더욱 활발하고 자유롭게 운동할 것이다. 분자 수준에서 일어나는 일들을 볼 수 있다면, 혹은 몸이 축소되어서 그 운동의 한복판으로 들어갈 수 있다면, H_2O 분자들의 운동에서 "약동하는 활기"를 느끼지 않을 수 없을 것이다. H_2O 분자들은 운동에너지를 가진 채 액체 상태나 기체 상태로 배열될 수 있고, 이 점에서 그들은 "배치에 진입하거나 또는 그 배치를 떠나는 변화"에 놓여 있는 것이다. 온도를 계속 올려서 H_2O 분자들의 운동에너지가 임계치에 이르게 되면, H_2O 분자들 전체는 액체 상태의 분자 연결을 깨고 기체가 되기 시작한다. 액체 상태의 분자 연결을 끊어 낸다는 점에서 H_2O 분자들의 운동에너지는 "파괴적"이지만 동시에 새로운 기체 상태로 진입한다는 점에서는 "창조적"이다. 물질이 있는 어느 곳에나 이런 물질-에너지, 즉 물질의 활기, 약동, 생명이 있는 것이다.

하나의 생명은 잠재적이다. 데란다를 다룬 앞 장에서 보았듯이 잠재적인 것은 현실적이지 않지만 실재적이다. 그것은 현실에서 자신의 모습을 완전히 드러내지 않지만, 그럼에도

5 Gilles Deleuze and Félix Guattari, *Thousand Plateaus: Capitalism and Schizophrenia*, Trans. Brian Massumi, Minneapolis: University of Minnesota Press, 1987, 407. 제인 베넷, 앞의 책, 149에서 재인용. 국역본은 질 들뢰즈, 펠릭스 가타리, 《천 개의 고원: 자본주의와 분열증 2》, 김재인 옮김, 새물결, 2001.

불구하고 현실적 변화를 이끄는 비밀스러운 차원이다. 물질의 운동을 일으키고 가능하게 만드는 에너지는 그 자체로는 전면에 드러나지 않는다. H_2O 분자들의 운동을 관찰하는 것은 가능하지만 운동에너지 자체를 직접적으로 지각할 수는 없듯이 말이다. 베넷은 물질의 활기와 약동을 설명하기 위해 존 마크스John Marks가 말한 "물질성 내에 있는 암묵적인 위상적 형상들"을 인용하는데, 그에 따르면 "위상적 경향은 외부 행위자나 활동에 수동적으로 저항하는 것에 그치지 않으며, 자신 스스로를 표현하려 능동적으로 노력한다."[6] 물질에 내재한 위상적 형상들을 현실화하고 그것의 활기와 약동을 끌어내기 위해서는 외부 조건의 변화가 있어야 한다. 그러나 이런 외부 조건의 변화는 활기와 약동을 그저 "끌어내고 촉진할 수 있을 뿐"이다.[7] 물질에 내재한 하나의 생명은 끌어내어지고 촉진되기를 기다리고 있는 잠재성으로 존재하는 것이다. "생명은 오직 잠재성만을 갖는다. 그것은 잠재성으로 이루어져 있다."[8] 이런 서술을 따라가다 보면 데란다가 말하는 새로운 물질성을 떠올리지 않을 수 없다.

잠재성으로서의 하나의 생명은 연장된 사물, 형성된 신체, 고정된 물체 등과 구별되어야 한다. 그것은 "공간에서 연장될 수 있는 사물이 아닌 강도들의 활동"이며 "형성된 신체에 선행하거나

6 제인 베넷, 앞의 책, 154.

7 John Marks, "Introduction", *Paragraph*, vol. 29, no. 25. 1-18. 제인 베넷, 앞의 책, 154에서 재인용.

8 Gilles Deleuze, "Immanence: A Life…", 5. 제인 베넷, 앞의 책, 149에서 재인용.

그 안에 존속하는 것"일 수 있다.[9] 잠재적인 물질의 생기는 형성된 신체와는 다르다는 의미에서 "어떤 개인에 고유한 생기가 아니라 순수한 내재성"으로서, 형성된 신체와는 다르다는 의미에서 "어떤 특정한 신체와도 일치하지" 않는다.[10] 그런 내재성은 말하자면 물질의 비밀생활, 물질의 은밀한 삶이다. 물질은 항상 어떤 잠재성을 숨기고 있으며 그런 점에서 어느 정도 불온한 존재라고 할 수 있다. 물질이 무슨 짓을 할 수 있는지, 어디까지 갈 수 있는지는 아직 완전히 밝혀지지 않았다.

그렇다면 가장 비유기적이고 죽어 있는 것처럼 보이는 존재, 예컨대 쇳덩어리 안에도 하나의 생명이 존재한다고 할 수 있지 않을까? 철과 같은 금속 내부에서도 하나의 생명을 찾을 수 있다면, 하나의 생명은 단순한 은유가 아니라 말 그대로 비유기적이고 물질적인 생기로 간주될 수 있을 것이다. 아이스킬로스의 희곡 《결박된 프로메테우스》에서 대장장이의 신 헤파이토스는 프로메테우스를 구속하기 위해 신화에서 가장 단단한 금속으로 알려진 아다만트adamant로 끊을 수 없는 사슬을 만든다. 아다만트 사슬 속에도 생명이 있을까?

9 제인 베넷, 앞의 책, 152.

10 제인 베넷, 앞의 책, 148-149. 베넷은 푸코가 언급하는 신체들의 비실체적인 차원을 물질의 잠재성과 연결시킨다. 푸코는 이 비실체적인 차원의 사례로 에피쿠로스의 시뮬라크르를 든다. 푸코에 따르면 에피쿠로스가 말하는 시뮬라크르는 얇은 막이 한 겹 한 겹 떨어져 나오는 원자들의 복합체다. 그것은 실체적이고 독립적인 신체가 아니라 안개처럼 방출되면서 물질의 견고함을 약화시키고 그 밀도를 낮추는 기이하고 비실체적인 물질성이다. (앞의 책, 155.)

금속의 생명:
덜그럭거리는 아이스킬로스의 사슬

재미있게도 들뢰즈와 과타리는 비유기적이고 물질적인 생기의 대표 사례로 금속을 든다.[11] 금속이야말로 물질의 활기를 가장 잘 드러낸다는 것이다. 이들을 따라 베넷은 과학적, 공학적 사례들을 검토하면서 금속이 가진 비유기적 생명을 보여주려 한다. 그녀는 데란다도 중요하게 참조한 바 있던 과학사학자 시릴 스미스Cyril Smith의 연구에 의지한다.[12] 스미스에 따르면 금속의 결정은 다면체를 구성하지만 그들의 크기와 모양은 균질적이지 않으며 표면은 평평하지 않다. 금속 결정의 면들은 휘어지고 굽어져 있는데, 왜냐하면 각각의 결정들이 서로가 커지는 것을 방해하고 있으며 또한 결정의 모양을 형성하는 데 각 결정의 내적 구조가 발휘하는 힘보다 결정들 사이의 접촉이 미치는 힘이 더 크기 때문이다. 철의 결정들이 다양한 크기와 모양을 갖게 되는 것은 바로 각 결정의 주변 공간에서 압력이 가해지기 때문이다. 말하자면 철의 결정들은 '서로 부대끼면서' 다소간 '찌그러지고

11 Gilles Deleuze and Félix Guattari, *ibid.*, 411.

12 Cyril S. Smith, *A History of Metallography*, Chicago: University of Chicago Press, 1960; "The Texture of Matter as Viewed by Artisan, Philosopher, and Scientist in the Seventeenth and Eighteenth Centuries" in *Atoms Blacksmiths and Crystals: Practical and Theoretical Views of the Structure of Matter in the Seven tenth and Eighteenth Centuries*, Los Angeles: William Andrews Clark Memorial Library, University of California, 1967.

있는' 중인 것이다. 그런데 이런 부대낌 때문에 결정의 표면에 있는 몇몇 원자들이 '덜그럭거리게' 된다. 덜그럭거리면서 자유롭게 진동하는 원자들 덕분에 철의 결정들은 있던 원자들을 잃거나 없던 원자들을 얻게 되고 그들 사이의 경계는 끊임없이 변형된다. 철의 결정은 철조 건물처럼 견고한 실체가 아니다. 결정들 사이에서 일어나는 원자들의 진동과 이동은 금속의 성질을 결정하는 데 원자들 자체만큼이나 중요하다. 다결정 체계의 각 결정의 표면에 위치한 원자들을 진동하게 하는 힘, 바로 그 힘이 금속의 생명, 물질적 생기의 실체라고 할 수 있다.

들뢰즈와 과타리가 물질의 '유목주의'nomadism라고 말한 현상들은 바로 이런 물질적 생기 덕분에 가능하다. 데란다에 따르면 금속의 균열 전파가 보여주는 복잡한 동역학 속에서도 금속의 생명이라고 할 만한 힘을 찾아낼 수 있다.[13] 금속의 균열 전파는 금속 결정에 내재한 특정한 결절들의 작용인데, 이러한 균열의 전파 경로는 미리 결정된 것이 아니라 **창발적 인과성** **emergent causality**에 따라 생성된다. 임의의 지점에 힘이 가해져서 금속판에 균열이 일어나면, 각 결정은 자신의 주변 결정들의 움직임에 즉각적으로 반응하고 그 반응에 대해 주변부가 다시 반응하면서 연쇄적인 피드백이 이루어진다. 다음 순간 균열이 어디로 어떻게 전파될지는 금속 결정들 전체의 집단적 행동에

13 Manuel DeLanda, "Uniformity and Variability: An Essay in the Philosophy of Matter", 1995. http://www.t0.or.at/delanda/matterdl.htm

의해 결정된다. 그 집단적 행동은 매 순간 이런 금속 결정들 사이의 집단적 피드백의 중첩과 증폭을 통해 일어나기 때문에 매 순간 동일한 힘이 주어져도 균열 전파가 진행되는 양상은 동일하지 않다. 동일한 원인을 반복해도 반복할 때마다 다른 결과가 나오는 것이다. 균열의 전파는 비결정론적이고 비선형적인 방식으로 결정되고 결과적으로 균열은 일종의 최적 경로를 따라 일어나게 된다. 복잡한 피드백을 통해 금속의 '가장 약한 부분들을 찾아다니는' 균열 전파의 동역학은 충분히 '유목적'이라 할 만하다.

물질적 유목주의의 사례들은 물질적 생기가 집단적으로 또는 거시적으로 비선형적인 현상을 가능하게 한다는 사실을 보여준다. 금속 결정들을 구성하는 자유 원자들이 진동하는 방식에 따라 금속 전체는 동일한 원인에 대해서도 다소간 다르게 반응할 수 있다. 이처럼 물질은 비결정론적이고 비선형적인 방식으로 작용할 수 있다. 왜냐하면 물질적 생기의 복잡한 상호작용으로부터 그러한 변화와 작용이 창발할 수 있기 때문이다. 이러한 비선형성과 창발성은 "공간 내 임의의 배열이 형성되는 시점 전후로 존속하는 생기의 발현"이자 "강도의 독특한 운동성"이다.[14] 대체로 물질적 작용과 변화는 규칙적이며 예측 가능하다. 하지만 복잡계 연구가 알려주듯이, 물질에 내재한 잠재성들은 종종 "기계론적이고 평형인 상태가 유지되는 양식이 아닌 물질적이고 창조적인 생성 양식"에 따라서 "예측할 수 없는 의견 대립 또는 에너지의 흐름"

14 제인 베넷, 앞의 책, 155.

을 만들어 낸다.[15] 이렇게 물질을 언제나 예측 가능하지는 않게 만드는 힘을 물질적 생기라고 할 수 있을 것이다. 그리고 언제나 예측 가능하지만은 않은 "의견 대립 또는 에너지의 흐름"이 현실화된 것이 바로 물질적 유목주의일 것이다.

금속에서 드러나는 물질적 생기는 미시적이며 잠재적이기에 여전히 미심쩍을 수 있다. 그러나 이런 종류의 생기를 실제로 활용하는 분야가 있다. 그것은 금속공학, 더 정확히는 **야금술** metallurgy이다. 야금술은 금속의 자유 원자들을 덜그럭거리게 하는 힘, 즉 "금속판이나 막대에 대한 다채로운 위상학"을 이용한다.[16] 합금을 만들고 철을 제련하고 세공하는 것 등이 그런 위상학의 활용 사례들이다. 베넷에 따르면 스미스의 연구는 금속 결정의 구조를 발견한 과학자들보다 오히려 야금술에 숙련된 장인들이야말로 금속의 물질성과 더 친밀하고 강한 관계를 맺고 있었다는 것을 보여준다. "금속이 **할 수** 있는 것을 아는 장인의 욕망이 금속이 **무엇인지**를 아는 과학자의 욕망보다 금속 안에 있는 하나의 생명을 식별하기 쉬우며, 결과적으로 금속과 더 생산적으로 협력할 수 있다."[17] 야금술의 장인뿐만 아니라 목수, 정비공, 요리사, 건축업자, 청소부 등 많은 이들이 삶의 현장에서 물질과 상호작용하고 있다. 이들은 전부 물질의 창조적 생기, 정동, 경향, 성향과 나름의 방식으로 만나고 있다. 말하자면

15 제인 베넷, 앞의 책, 161-162.
16 제인 베넷, 앞의 책, 160.
17 제인 베넷, 앞의 책, 163.

그들은 물질적 생기에 대해, 하이에크Friedrich von Hayek라면 아마도 전문가들의 암묵지implicit knowledge라며 좋아했을 법한 그런 지식을 갖고 있는 것이다.[18] 장인은 물질의 흐름을 '터득하고' 있는 이들이다. 그들은 "물질의 흐름에 순종하면서 이동하는 편력자, 방랑자이고 이동하는 직관"인 것이다.[19]

18 조정환은 야금술의 핵심을 다음과 같이 요약한다. "장인은 야금술의 체득자들, 담지자들이다. 야금술은 변수를 갖는다. 하나는 다양한 차원을 가진 시공간적 특이성이나 이것임, 그리고 이것들과 경합하는 변형 과정으로서의 조작의 변수다. 또 하나는 이러한 특이성과 조작에 대응하는 다양한 층위의 정동적 질이나 표현의 특질(경도, 무게, 색깔)이라는 변수다. 즉 야금술은, 특이성과 표현의 특질을 짊어지고 연속적으로 변주되는 탈영토적 성질의 운동-물질의 흐름을 받아들여 집합적 배치물로 만드는 기술이다. … 야금술은 물질에 의식을 부여하고 이것을 의식하도록 만든다. 에너지를 내포한 물질성은 준비된 질료를 표출하고 질적인 변환이나 변형은 형상을 표출한다. 즉 야금술은 물질로부터 물질성을 해방시키고 형상의 연속적 변화를 통해 형상으로부터 변형을 해방시킨다. 즉 서로 분리된 형상들을 초월해 형상의 연속적 전개, 물질의 연속적 변주를 가능케 하는 것이다. 이것은 물, 풀, 나무, 짐승 등 모든 것이 광물적 원소로 가득 차 있어 금속으로 될 수 있다는 것을 통해 보증된다. 그래서 야금술은 물질의 현상학, '애매한' 과학, 또는 인격화된 소수자 과학이다. 야금술에서 금속은 일종의 비유기적 생명, 기관 없는 몸이다. 야금술을 체득하고 있는 장인은 물질 흐름에, 광물 형태에 순종하는 사람이다." (조정환, 《개념무기들: 들뢰즈 실천철학의 행동학》, 갈무리, 2020, 184-185. 강조 추가.)

19 조정환, 같은 책, 184. 같은 쪽에서 조정환은 장인의 이동 방식을 다음과 같이 묘사한다. "장인들은 채집가일 때만 완전한 장인일 수 있다. 이 채집의 과정에서 장인은 물질의 흐름에 순종하면서 이동하는 편력자, 방랑자이고 이동하는 직관이다. 채집가를 별도로 조직하여 직공으로부터 채집을 분리시켜 버리면 장인은 노동자가 되어 버린다. 유목적 장인의 이동은 물질의 흐름을 따르기보다는 시장의 흐름의 따르는 상인의 이동이나 토지의 조건에 따르는 목축민의 이동 혹은 이주민들의 이동과는 성질이 다르다. 장인의 이동은 이러저러한 조건에 따른 이동이 아니라 물질의 흐름을 따라 매끈한 공간을 점거하는 이동이다. 물질의 흐름을 따르고 그것에 순종한다는 것은 그 흐름을 방관한다는 것을 의미하지 않는다."

위와 같은 사례들은 피상적인 직관과 상식에서 벗어나 금속의 생명이라는 표현의 형이상학적 의미를 인식하게 해 준다. 야금술에 의해 금속이 겪는 내적 변형은 외부의 지령이나 별도의 힘에 의해서가 아니라 금속 스스로에 의해 일어나는 자기-변형이다. 이 자기-변형은 "하나의 고정된 점에서 다른 점으로 이동하는 순차적인 움직임이 아니라, 모호한 경계를 갖는 연속적인 변화의 요동"으로서 "금속 그 자체의 변화무쌍한 능동성"에 대한 함수다.[20] 이 창조적이고 능동적인 자기-변형 능력은 충분히 금속의 '생명'이라고 불릴 만하다. 각종 분자들을 방출하고 흡수하면서 구조를 유지하는 세포 소기관들이 살아 있다면 진동하는 원자들을 방출하고 흡수하면서 표면을 변형시키는 철의 결정들이 살아 있다고 하지 않을 이유가 없어 보인다. 유기적인 체계의 분자 메커니즘이 생명의 작용이라면 비유기적인 체계에 속한 원자들의 역학은 왜 생명의 작용이 아니라는 말인가? 매 순간 최적의 전파 경로를 찾아 나가는 균열이 살아 있다면 매 순간 최적의 이동 경로를 찾아 나가는 전하의 흐름, 즉 번개도 살아 있다고 해야 할 것이다. 살아서 스스로 작용하고 있는 비유기적 생명이 있다. "유기적 지층들이 생명Vie을 다 소진하지 않는다. 유기체는 오히려 그 생명이 스스로를 제한하기 위하여 스스로에게 대립시킨 것이고, 생명은 비유기적일수록 더 강도가

20 제인 베넷, 앞의 책, 161.

세고 더 역량이 크다."[21]

물질적 생기가 때때로 비선형적인 방식으로 작용할 수 있다면 비기계론적이고 비결정론적인 현상을 설명하기 위해 물질 바깥에서 신비로운 원리를 찾을 필요가 없을 것이다. 이런 관점에서 베넷은 19세기 후반의 **비판적 생기론**critical vitalism을 재평가한다. 그녀에 따르면 생기론자들은 유기체 속에서 기계론이나 결정론으로는 설명될 수 없는 사례들을 발견했으면서도 그것들을 설명할 원리를 물질 외부에서 찾았다. 마치 집 안에서 열쇠를 잃어버리고도 단지 더 밝다는 이유로 가로등 아래에서 열쇠를 찾고 있는 사람처럼, 그들은 생기를 엉뚱한 곳에서 찾았던 것이다.

비판적 생기론: 올바른 질문, 잘못된 대답

베넷은 자신이 "헤겔-마르크스-아도르노의 흐름보다는 데모크리토스-에피쿠로스-스피노자-디드로-들뢰즈의 전통에

21 Gilles Deleuze and Félix Guattari, *Mille Plateaus: Capitalisme et Schizophrénie II*, Minuit, 1980. 628. 김재희, 〈들뢰즈의 표현적 유물론〉, 《철학사상》, 45호, 2012, 157에서 재인용. 번역은 김재희의 번역을 그대로 따랐다. 국역본은 질 들뢰즈, 펠릭스 과타리, 《천 개의 고원》, 김재인 옮김, 새물결, 2001. 959.

속하는 유물론을 추구한다"고 말한다.[22] 그녀가 따르는 후자의 계보는 '자연주의적 유물론'naturalistic materialism이라 부를 수 있는 흐름인데, 베넷은 이 계보를 "사회적 헤게모니를 드러내기 위해 인간 권력의 자취를 쫓는" 또는 "인간 권력의 경제적이고 사회적인 구조에 주로 초점을 맞춘" 전자의 계열과 구분한다. 그녀의 두 번째 족보는 생기론에 대한 근현대의 논의들이다. 즉 '생기론적 유물론'이라고 할 때, '유물론'에 해당하는 부분은 자연주의적 유물론의 흐름으로 거슬러 올라가는 반면 '생기론'에 해당하는 부분은 근현대의 생기론들과 비판적으로 연결되는 것이다. 자연주의적 유물론의 족보는 그리 낯설지 않지만, 문제는 생기론의 족보다. 이와 관련하여 베넷은 20세기 초에 등장한 한스 드리슈Hans Driesch와 앙리 베르그송Henri Bergson의 철학을 파고든다. 이후 "비판적 생기론"으로 불리게 되는 이들의 생기론은 당대 유럽과 미국의 지성계를 풍미한 바 있는데, 베넷은 이들 중 주로 드리슈의 생기론을 비판적으로 고찰한다.

비판적 생기론의 핵심은 생명과 물질 또는 유기적인 것과 비유기적인 것의 이원론이다. 이에 따르면 무기물의 작용은 제아무리 미세하고 복잡하더라도 결국 기계론적이고 결정론적인

22 제인 베넷, 앞의 책, 18, 169. 흥미롭게도 베넷이 제시하는 족보에는 미국의 헨리 데이비드 소로(Henry David Thoreau)와 같은 초절주의(transcendentalism) 사상가들이 포함되어 있다. 이 초절주의 사상은 베넷의 형이상학적 입장에도 영향을 준다. 나중에 설명하겠지만 베넷은 라투르를 비롯한 다른 이들과는 달리 야생의 자연 그리고 그런 자연과의 접촉을 쉽게 포기하지 않는데, 이는 아마도 소로나 에머슨 같은 이들의 친자연적인 성향으로부터 기인한 것으로 추측된다.

방식으로 설명할 수 있고 계산할 수 있다. 반대로 살아 있는 유기체의 활동은 그런 설명이나 계산을 허용하지 않는다. 기계론적 유물론mechanistic materialism은 생명체의 활동이 아무리 유기적이며 미세하다고 해도 궁극적으로는 '물리-화학적인' 용어를 통해 설명된다고 보았다. 반면에 비판적 생기론은 그런 식으로는 설명할 수 없는 어떤 '틈'을 발견한다. 이에 따라 비판적 생기론자들은 물질에 생기를 불어넣는 별도의 형이상학적 원리를 통해 그 틈을 메꾸려 한다. "베르그송과 드리슈는 각각 그러한 성장을 추동하는 전적으로 계산해낼 수는 없는 것 그리고 전적으로 물질적인 자극이라고 말할 수 없는 무언가를, 다시 말해 생기적인 힘 또는 생명의 원리를 확인했다."[23]

드리슈는 이러한 생기를 아리스토텔레스를 따라 '엔텔레키'entelechy로 명명하고 그것을 여러 방식으로 입증하려 한다. 그는 우선 엔텔레키를 소극적이고 간접적인 방식으로 정당화하려 시도한다. 드리슈에 따르면 관찰된 현상이 가능하기 위해서는 엔텔레키와 같은 것이 작동해야만 했다. 철학자이기 이전에 정식으로 훈련 받은 발생학자였던 드리슈는 수정란이 성체가 되어 가는 형태형성 과정에 대한 연구를 독자적으로 진행했다. 수정란은 처음에는 어떤 복잡한 구조도 갖고 있지 않지만, 동일한 환경을 유지시켜 주면 시간이 지남에 따라 저절로 난할 등의 과정을 거치면서 복잡한 구조를 갖게 된다. 단순한 것이 저절로

23 제인 베넷, 앞의 책, 172-173.

복합적인 다양체가 되는 것이다. 드리슈는 수정란 안에서도 밖에서도 단일체를 다양체로 만들어 줄 만한 것을 찾을 수 없으며 따라서 수정란 안에도 밖에도 존재하지 않는 힘, 즉 장소를 점유하지 않는 비연장적인 어떤 힘이 있어야만 발생 과정을 설명할 수 있다고 결론 내린다. 주어진 현상이 가능하기 위해서는 어떤 것이 있어야만 한다고 주장한다는 점에서 드리슈의 추론은 일종의 초월론적 논증transcendental argument이라고 할 수 있다.[24] 초월론적 논증 외에도 그는 실험을 통해 엔텔레키의 존재를 적극적이고 직접적으로 입증하려 했다. 그가 실제로 수행했던 실험은 성게의 세포 분열과 성장에 관련된 것이었다. 동일한 종류의 성게의 줄기세포들이 동일한 환경의 자극을 받게 하더라도, 그들은 각자가 다른 성장 경로를 따른다. 이 결과는 외부에서 동일한 원인이 주어져도 결과는 다를 수 있음을 보여주며, 유기체의 성장 경로가 엄격한 기계론적이거나 결정론적 방식으로는 설명되지 않음을 시사한다. 이 때문에 드리슈는 다시 비물질적인 활력으로서의 엔텔레키가 작용하여 여러 동등한 가능성들 중 일부만을 선택적으로 현실화하는 제어 행위를 했다고 결론 내린다.[25] 드리슈에게 엔텔레키는 추측이나 사변의 산물이 아니었다. 그것은 초월론적 추론으로 논증되고, 실험을 통해 입증되는 것이었다.

24 제인 베넷, 앞의 책, 185.

25 제인 베넷, 앞의 책, 190-191.

드리슈에게서 유기적인 것과 비유기적인 것, 생명과 물질 사이의 뚜렷한 경계를 확인하는 것은 어렵지 않다. 드리슈가 특히 집중한 현상은 덜 분화된 형태에서 더 분화된 형태로 복잡화하는 형태형성 그리고 발달한 성체가 손상에 대응하여 자신을 복구하는 자가수리self-repair였다. 드리슈가 보기에는 오직 생명체만이 질적으로 더 복잡한 형태가 될 수 있는 반면 물질은 그저 양적으로 변화할 뿐이었다. 또한 생명체는 자신의 일부가 훼손되거나 절단되어도 전체의 기능을 유지할 수 있지만 물질이나 기계는 그럴 수 없다.[26] 드리슈는 한편으로 물질적 메커니즘과 엔텔레키를 날카롭게 나누지만 다른 한편으로 엔텔레키와 물질 작용과의 밀접한 관계를 끊임없이 강조한다. 엔텔레키 자체가 물질적이지는 않지만 형태발생이나 자가수리의 과정에서 언제나 물질적인 수단을 끌어다 쓴다는 것이다.[27] 이처럼 드리슈는 생기를 신비화하거나 관념화하지 않으려 노력하지만, 그럼에도 불구하고 생기 있고 능동적인 생명과 무력하고 수동적인 물질이라는 이원론으로 끊임없이 되돌아간다. 이 때문에 그는 한낱 물질덩어리에 불과한 줄기세포의 발생학적 과정을 설명하기 위해 그것에 활기를 불어넣는 비물질적 원리를 상상할 수밖에 없었던 것이다.

26 물론 드리슈가 엔텔레키로 유령이나 영혼과 같은 것을 말하려고 한 것은 아니다. "생명력이 비물질적이고, 비공간적이며, 기계론적이지 않다고 하여 그것이 정신적이거나 영혼적이라는 결론이 나오는 것은 아니다."(제인 베넷, 앞의 책, 186.)

27 제인 베넷, 앞의 책, 197.

그러나 비판적 생기론의 논증은 드리슈가 생각한 것만큼 강력하지 않다. 드리슈는 유기체에 비기계론적이고 비결정적인 현상이 실재한다는 사실로부터 비물질적인 생기가 있어야만 한다고 결론 짓지만, 이 논증은 물질은 언제나 기계론적이고 결정론적으로 작동한다는 전제가 성립할 때에만 타당하다. 엔텔레키를 '요청'하는 드리슈의 결론은 "물질성이 너무나도 수동적이고 활기가 없어서 전체를 조직하고 유지하는 까다로운 작업을 할 수 없으리라는 그의 가정"이 참일 때에만 타당하다.[28] 그러나 앞서 제시된 물질적 유목주의의 사례들은 바로 이 가정에 도전한다. 드리슈가 주목했던 형태형성과 자가수리는 그 자체로는 분명 비기계론적이고 비결정론적이다. 그러나 현재의 생물학은 세포 간 신호 전달을 통해 이런 사례들에서 세포들이 어떻게 '제때'에 '제자리'에서 '합'을 맞춰서 움직이는지를 꽤 명쾌하게 설명하고 있다. 가령 인간의 경우 신경 발달 과정에서 신경관neural tube이 만들어지기 위해서는 수렴 확장convergent extension이라는 세포들의 집단 이동collective migration이 일어나야 하는데, 이때 PCPplanar cell polarity 신호 전달 체계가 세포들의 방향을 지정해 준다. 이 과정은 PCP 신호 전달 유전자에 의해 다종다양한 단백질이 미세소관, 액틴 미세섬유 등의 세포 골격을 조절함으로써 이루어진다. 드리슈라면 이렇게 신경관이 접히고 구부러지는 모든 과정들을 보고서 그런 과정들이 발생하는

28 제인 베넷, 앞의 책, 198.

이유를 단순한 세포들 속에서는 찾을 수 없다고 결론 내리겠지만, 현재 생물학은 그 이유를 분자 수준에서 찾아내고 있다. 마찬가지로 성게의 줄기세포들이 동일한 환경에서 제각기 다르게 발달하는 것은 사실이지만 이를 설명하기 위해 각각의 줄기세포에 신비롭게 깃드는 엔텔레키를 상정할 필요는 없을 것이다. 그 과정은 비기계론적이고 비결정론적이지만 비물질적인 것은 아니다. 그것은 복잡하고 비선형적일 따름이다. 자가수리 또한 세포 이하 소기관이나 분자 수준에서는 그리 신비로운 현상이 아니다. 비판적 생기론이 딱히 성공적이지 못했다는 사실은, 현재 누구도 비판적 생기론의 주장을 곧이곧대로 믿지는 않는다는 점, 즉 누구도 드리슈가 든 사례들을 엔텔레키에 호소하여 설명하지 않는다는 점을 볼 때 명백하다.

결국 비판적 생기론자들은 올바른 질문을 던졌지만 잘못된 답을 제출한 셈이다. 기계론이나 결정론으로는 설명되지 않는 현상에 대해 그들은 올바른 질문을 던졌다고 할 수 있다. 하지만 그들은 답을 찾기 위해 너무 성급하게 물질 작용의 바깥으로 나가 버림으로써 엉뚱한 답을 내놓고 말았다. 물론 여기에는 시대적인 한계도 작용했다. 그들이 활동하던 당시 발생학은 단지 발생 과정을 관찰하고 형태 변화를 묘사하는 기술적인 학문에 불과했으며, 그들은 각종 분자와 단백질의 작용은커녕 세포 수준의 신호 전달도 알지 못했다. 게다가 물질에 대한 구식의 존재론 또한 그들의 상상력을 제약하는 데 한몫한 것으로 보인다. 그들은 물질은 본질적으로 기계론적이고 결정론적으로 움직인다고 생각했고, 따라서 그런 물질로 어떻게 비기계론적이고 비결정론적으로 작동하는 기계를 만들 수 있을지를 알지 못했다. 베르그송은 그 유명한 생의 약동élan vital의 역할이 "물질 속에 **비결정성**을 삽입하는 것이며, 그 결과 생명이 창조하는 형태들은 비결정적인 즉 예측 불가능한 것이 된다"고 말하는데, 만약 물질로부터 그런 비결정성이 미약하게나마 솟아나올 수 있다면 굳이 그것이 바깥으로부터 "삽입"되어야 할 필요는 없을 것이다.[29] 비판적 생기론자들은 비결정론적으로 작용할 수 있는 물질의 능력, 즉 물질적 생기의 존재도 몰랐고 그것이 무엇을 할 수 있는지도 몰랐다.

생기론적 유물론은 비판적 생기론의 질문을 계승하지만 답은 비판한다. 생기론적 유물론이 계승하는 것은 비판적 생기론자들의 엄밀한 과학적 접근이다. 비판적 생기론자들은 당대의 생물학과 생리학, 심리학의 데이터와 정면으로 대결한다. 그들이 낭만적 생기론이나 철학적 생기론이 아니라 '비판적' 생기론으로 불리는 이유가 여기에 있다. 비판적 생기론자들이 당대 과학에 충실했던 만큼, 그들의 오류는 어떤 의미에서는 과학과 데이터에 충실하고자 했던 그들의 정직함과 방법론적 엄밀성의 결과라고 할 수도 있다. 생기론적 유물론이 비판적 생기론을 비판하면서 그 중심에서 작동하고 있는 이원론을 해체할

29 Henry Bergson, *Creative Evolution*, Trans. Arthur Mitchell, New York: Dover, 1998, 126. 제인 베넷, 앞의 책, 205에서 재인용. 국역본은 앙리 베르그송, 《창조적 진화》, 황수영 옮김, 아카넷, 2005.

발판을 마련할 수 있었던 것도 바로 그런 정직한 태도 덕분이었다. 현재의 과학과 기술이 보여주는 현실과 가능성에 집중하면서, 생기론적 유물론은 생기론이 의심 불가능한 것으로 전제하는 물질의 기계론적, 결정론적 존재론에서 벗어나 물질적 생기를 말할 수 있었던 것이다. 낭만이나 사변에 빠지지 않았던 비판적 생기론자들의 과학적 태도를 더욱 밀고 나간다면, 그래서 물질적 생기의 개념을 더욱 구체화하고 정교화한다면, "생기적인 힘의 창조적인 행위성이라는 개념으로부터 물질성 그 자체를 창조적인 행위자로 간주하는 관점으로 나아가는 것은 그리 어렵지 않을지도 모른다."[30] 덜그럭거리는 아이스킬로스의 사슬 속에서 일말의 생명을 발견할지도 모르는 것이다.

존재-이야기: 추상 기계로서의 자연

금속에도 생기가 있다면, 인간은 어떨까? 베넷은 인간을 물질적 생기의 한 사례로 봄으로써 "우리 자신의 삶의 '이종적' 특질" 또는 "우리가 우리 자신이라고 말할 수 있는 필연적인 이질성"을 포착할 수 있다고 한다.[31] 물질적 생기의 관점에서

30 제인 베넷, 앞의 책, 174.
31 제인 베넷, 앞의 책, 275-276.

인간의 물질성에 초점을 맞추면 인간의 신체가 비인간 신체들과 뒤섞인 이질적 신체들의 배열 또는 배치라는 점이 드러난다. 인간은 물질적으로는 언제나 부분적으로 비인간이었던 셈이다. 박테리아나 음식은 물론이고, 비인간 신체가 지금도 인간의 물질성을 구성하고 있는 것이다. 인간은 언제나 자연적이고 환경적이다. 인간이라는 생각은 인간/비인간 또는 자연/문화라는 이원론에 대한 의심으로 이어진다. 이런 맥락에서 베넷은 과타리의 《세 가지 생태학》Three Ecologies을 참조한다.[32] 과타리는 생태학의 세 영역으로 환경적인 것, 사회적인 것, 정신적인 것을 드는데 여기서 사회적인 것과 정신적인 것은 인간에, 환경적인 것은 비인간에 해당한다. 베넷에 따르면 과타리는 이 세 영역을 서로 구별되는 범주가 아니라 호환 가능한 관점으로 다룬다.[33] 과타리는 세 가지 생태학의 상호작용을 파악하기 위해 '횡단적인' 사고와 지각을 계발해야 한다고 제안할 뿐만 아니라, 특히 인간과 비인간 사이의 범주적 구별을 문제시하면서 인간을 자연의 "외-부이자 외-부가 아닌 존재"로 정식화한다.[34] 인간은 자연이 아닌 인간이라는 범주에 속한다는 점에서 자연의 외-부에 있지만 그 범주에 머무르지 않고 자연이라는 범주로 나아가기에 자연의

32 Félix Guattari, *Three Ecologies*, Trans. Ian Pinder and Paul Sutton, London: Athlone, 2000, 41-42. 국역본은 펠릭스 가타리, 《세 가지 생태학》, 윤수종 옮김, 동문선, 2003.

33 Félix Guattari, *ibid.*, 41-42.

34 제인 베넷, 앞의 책, 278-279.

외-부가 아닌 것이다. 이렇게 인간은 인간과 자연의 경계를 벗어나지만 그렇다고 자연과 인간의 차이가 제거되지는 않는다. 인간이라는 물질적 생기의 혼종성은 자연과 문화 사이의 횡단성 또는 자연문화를 시사하고 있다.

그렇다면 "인간성에 물들지 않는 순수한 자연을 추구하는 것은 헛된 일이며, 자아를 순수한 인간으로 정의하는 것은 어리석은 일이다."[35] 인간이 자연문화의 한 사례라는 사실을 어떻게 정당화할 수 있을까? 간단하다. 인간을 포함한 모든 물질성이 다 그렇다고 해 버리면 되는 것이다. 이를 위해 베넷은 일종의 존재-이야기onto-story를 제시한다.

> 인간의 문화를 에워싸고 있는 환경 대신 혹은 세 가지로 생태로 갈라지는 하나의 우주 대신, 인간과 동물, 식물, 무기물의 경계가 명확하지 않은 존재론적 장을 상상해 보아라. 그곳의 모든 힘과 흐름, 그리고 물질성은 활력이 넘치고 정동적이며 어떠한 조짐을 내비친다. 그리고 정동적이고 말하는 인간의 신체는 자신과 공존하고, 환대하며, 즐기고, 섬기고, 소비하고, 생산하고, 경쟁하는, 그러한 정동적이고 어떠한 조짐을 발하는 비인간과 **근본적으로** 다르지 않다. 이 존재론적 장에는 본원적 분할은 없으나, 그렇다고 하여 그 장이 단일하다거나 평평한 지형을 갖는

35 제인 베넷, 앞의 책, 283.

것도 아니다. 그것에서 일어나는 분화는 너무나도 변화무쌍하고 다양하여 생명, 물질, 정신, 환경이라는 철학적 범주만으로는 포착하고 설명할 수 없다. 그 장의 밀도는 그보다 고르지 않다. 즉 몇몇 부분들은 신체들로 굳어지지만, 그렇다고 하나의 유형을 특별한 권한을 갖는 행위성이 장소로 만드는 단 하나의 방식으로 굳어지지는 않는다. 그보다 여러 효과의 원천은 언제나 에너지와 신체의, 단순하고 복잡한 신체들의, 물리적인 것과 생리적인 것이 이루는 존재론적으로 다양한 배치다.[36]

존재론적으로 전개된 횡단성에 대한 명료한 서술이다. 베넷이 말하는 존재론적 장은 물질적 생기로 가득 차 있다. 이 존재론적 장은 "본원적 분할"이 없기 때문에 물질/생명, 신체/정신, 환경/주체라는 이원론으로는 설명할 수 없지만, 그럼에도 불구하고 그 이원론으로 포착할 수 없는 차이들이 보존되기에 "단일하다거나 평평한 지형"을 가질 수도 없다. 베넷은 이 존재론적 장을 스피노자의 신, 나아가 들뢰즈의 추상 기계와 연결시킨다. 하지만 이 추상 기계에 가장 잘 어울리는 이름은 자연이다. "능동적인 생성, **새로운 것을 만들어 내는 능력을 지닌 창조적이면서도 완전히 인간만은 아닌 힘**은 자연이라는 용어가 쓰여 온 역사 속에서 끊임없이 나타났다."[37]

36 제인 베넷, 앞의 책, 284.
37 제인 베넷, 앞의 책, 286-287.

물질적 생기로 충만한 세계는 횡단하는 추상 기계로서의 자연과 다르지 않은 것이다.

생기론적 유물론이 말하는 비유기적이고 물질적인 생기는 애매모호하거나 신비로운 것이 전혀 아니다. 그것은 다른 게 아니라 "의욕적인 욕구나 단일한 신체들 혹은 원시-신체들의 운동력, 행위적 배치를 형성하는 힘의 경향, 그것을 먹는 인간 신체에 효과를 불러일으키는 식물과 동물의 능력"일 따름이다.[38] 금속의 자유 원자를 진동하게 하는 것, 어는점에 도달한 H_2O 분자들을 결정화하는 것, 세포의 형태형성을 추동하는 것에 명확하지 않은 부분은 없다. 이 점에서 물질적 생기는 일상적으로 말하는 삶이나 죽음과는 무관하다. 물질적 생기란 분자 심지어 금속 결정을 이루는 원자의 수준에서 말해지며, 유기적인 것/비유기적인 것, 생명/물질, 삶/죽음을 가리지 않는다. 따라서 생기론적 유물론이 "오직 역사적으로 지배적이었던 쪽(생명, 활동, 행위성)만을 존재론화ontologize한다"거나 "삶과 죽음 사이의 얽힌 관계를 설명할 수 없다"는 식의 비판은 물질적 생기를 그것이 벗어나고자 하는 생명/물질의 이원론을 통해 해석했을 때에만 가능한 비판이다.[39] 물질적 생기는 "역사적으로 지배적이었던" 쪽과는 무관하다. 그리고 이런 물질적 힘들을 적극적으로 긍정할

38 제인 베넷, 앞의 책, 146.

39 Christopher Gamble, Joshua Hanan, Thomas Nail, "What is New Materialism?", *Angelaki*, vol. 24, no. 6, 2019, 111-134.

때에만 삶과 죽음 사이의 관계를 제대로 이해할 수 있을 것이다.[40] 이 물질적 우주 속에서 살고 죽는 일은 결국 물질의 문제이기 때문이다.

물질적 생기의 정체가 불분명하다는 비판이 있다. 생기론적 유물론이 그것이 강조하는 "힘의 본성에 대해 극도로 부정확하며, 여러 과학 분야에서 그런 힘들에 대한 구분이 광범위하게 이루어지고 있음에도 불구하고 다양한 종류의 힘들을 구별하지 못한다"는 것이다.[41] 이와 유사한 비판이 들뢰즈에게도 제기된 바 있다. 들뢰즈는 비유기적 생명을 마치 생명과 물질을 넘어서는 제3의 요소인 것처럼 서술하지만 "이 제3의 요소가 무엇인지를 정확히 설명하기보다 종종 생물학적이고 물리학적인 용어들이 섞여 있는 언어로 그것을 계속 기술할 뿐"이며 "개념들의 이런 혼합에 대한 논리적 근거가 결여되어 있다"는 것이다.[42] 물질적 생기와 들뢰즈와 과타리가 《천 개의 고원》에서 말하는 비유기적 생명이 다르지 않으므로 둘이 유사한 비판에 노출되는 것은

40 실제로 베넷은 '하나의 생명'이 "형언할 수 없는 순수한 폭력"으로 현시될 수 있다는 점을 지적하면서 "때때로 생명은 지복이라기보다는 공포로서 경험되고, 잠재적인 것의 충만함이라기보다는 철저히 의미 없는 공백으로도 경험된다"고 말한다. (제인 베넷, 앞의 책, 148.)

41 Katherine Hayles, *Unthought: The Power of the Cognitive Nonconscious*, Chicago: University of Chicago Press, 2017, 80.

42 John Mullarkey, "Deleuze and Materialism: One or Several Matters?" in Ian Buchanan (ed.), *A Deleuzian Century?*, Duke University Press, 1999, 453. 김재희, 〈들뢰즈의 표현적 유물론〉, 《철학사상》, 45호, 2012, 156에서 재인용. 번역은 김재희의 것을 그대로 따랐다.

놀라운 일이 아니다.

물론 베넷과 들뢰즈가 "힘의 본성" 그 자체에 대해 "정확한 설명"을 제공하지는 않지만, 그들이 과학에서 빌려오는 풍부한 사례들과 개념들을 참조하면 그것이 어떤 것일지 충분히 짐작하고도 남는다. 물질의 현실적인 측면들로 소진되지 않는 잠재적 역량, 힘, 능력이 있음을 인정한다면 그리고 그 잠재성이 적어도 가끔씩은 인간의 예측과 계산을 뛰어넘는 창발적이고 비결정론적인 방식으로 발휘될 수 있음을 인정한다면, 물질적 생기나 비유기적 생명의 실재성도 인정해야 할 것이다. 베넷은 들뢰즈를 따라 '하나'의 생명을 강조하지만 이는 여러 힘들 사이의 차이를 무시하거나 그들을 뒤섞기 위한 것이 아니다. 그녀가 말하는 '하나'는 생명과 물질의 이원론을 넘어서는 횡단성을 가리킬 따름이다. 물질적 생기는 물질이 존재하는 어디에서나 찾을 수 있는 힘이라는 점에서 보편적이지만 모든 차이 나는 힘들을 하나로 환원하지 않는다는 점에서 총체적이지 않으며 또한 차이 나는 힘들이 하나로 합쳐진 결과가 아니라는 점에서 종합적이지도 않다. 그것은 총체화하는 생명력totalizing vital force이 아니라 횡단하는 물질적 힘transversing material force인 것이다. 들뢰즈가 구사하는 생물학적이고 물리학적인 개념들의 혼합에 "논리적 근거"가 결여되어 있는지는 모르겠지만, 확실한 것은 그 혼합에 존재론적 근거가 있다는 것이다. 그것은 바로 비유기적 생명의 횡단성이다. 횡단성에 대한 언어는 필연적으로 혼합적일 수밖에 없는데, 왜냐하면 횡단성 자체가 실제로 혼합적이기 때문이다. 차이 나는 것들을 가로지르는 힘이 혼합적이지 않을 도리가 있겠는가? 이렇게 생각한다면 이제 도처에서 물질적 생기를 볼 수 있을 것이다. 그리고 어떤 물질에 대해서든 **물질적으로 살아 있다**materially alive고 말할 수 있을 것이다.[43]

43 물라키(John Mullarkey)는 이러한 들뢰즈적인 유물론을 과학적 유물론과 구분하여 "새로운 자연주의"(new naturalism)라고 부른다. "과학적 유물론과 대조적으로, 들뢰즈의 '새로운 자연주의' 기획은 자연으로부터 어떠한 잠재성이나 퍼텐셜리티, 어떠한 내재적인 힘, 어떠한 내생적인 존재도 제거함으로써 자연의 가치를 떨어뜨리는 것을 거부한다." John Mullarky, *ibid*, 448. 김재희, 앞의 논문에서 재인용. 번역은 김재희의 것을 그대로 따랐다. 키스 안셀-피어슨(Keith Ansell-Pearson) 또한 들뢰즈의 존재론을 "새로운 자연주의"로 명명한 바 있다. Keith Ansell-Pearson, "Deleuze and New Materialism: Naturalism, Norms, and Ethics, in Sarah Ellenzweig and John H. Zammito (eds.), *The New Politics of Materialism: History, Philosophy, Science*, London and New York: Routledge, 2017, 96.

네 번째 대화

PP 생기론적 유물론이 말하는 물질은 너무 이상해. 물질 같지 않은 물질이야. 그거 뭔가 영적이고 신비스러운 에테르 같은 거 아냐? 비실체적이라질 않나, 생동한다고 하질 않나, 무슨 유령도 아니고 말이야. 정말 물질 얘기하고 있는 거 맞아?

NH 지금 말한 것도 널리 퍼진 오해야. 여러 비평들이 있는데, 결국 요점은 생기론적 유물론이 말하는 물질이 미쳐 날뛰는 물질, 마법에 걸리거나enchanted 또는 귀신들린haunted 물질이라는 거야. 생기론적 유물론에 대한 비평들을 보면 서로 컨닝했나 싶을 정도로 인용하는 구절까지 얼추 비슷해. 천편일률적이야. 그런데 실제로 베넷이 그런 식으로 주장하느냐면 그렇지는 않거든. 물론 그가 시뮬라크르라든지 비실체적 물질 같은 것들을 언급하기는 하지. 듣다 보면 낭만적이기도 하고 아름답기도 하고 그래. 하지만 그건 레퍼런스의 일부일 뿐이야. 물질적 생기의 실제 사례는 어디서 나오냐면 금속공학 또는 야금술에서, 음식에서 나와. 여기에 무슨 영성이니 신비니 에테르니 하는 게 있어? 비평가들은 이런 부분에 대해서는 얘기하지 않지. 그러고는 딱 봐도 되게 심오하고 신비스럽게 진술된 부분, 의인화가 강조된 부분만 따와서 얘기해. 일종의 체리피킹이야.

PP 물질적 생기란 결국 물질이 발휘하는 효력을 말하는 거네. 인간이 지각하건 못하건. 그래도 그런 걸 생명이니 생기니 할 필요까진 없지 않나 싶은데.

NH 중요한 건 그 효력이 인간이 아직 알지 못하거나 또는 종종 예측 불가능한 방식으로 발휘될 수 있다는 거야. 베넷은 물질이 마법에 걸리거나 귀신이 들린 것처럼 미쳐 날뛴다고 한 적이 없어. 단지 물질의 작용이 언제나 예측 가능하지는 않다고 했을 뿐이지. 효력을 발휘하는 물질의 행위성에는 언제나 '약간의' 놀라움이 있는데, 이걸 뒤집어 말하면 물질의 행위성이 대부분은 그리 놀랍지 않다는 거야. 하지만 때로는 이 미약한 예측 불가능성이 특정한 배치 속에서 증폭될 수 있어. 이런 걸 보여주는 사례가 비선형적이고 비기계론적으로 일어나는 물질 현상들이야. 베넷이 말하는 생기란 그냥 물질의 효력이 아니라 종종 예측과는 달리 발휘되는 효력이야. 그녀의 제안은 이 효력들을 형이상학적으로 그리고 윤리적으로 진지하게 고려하자는 거야. 과학적이고 경험적으로 묘사되는 물질적 생기의 사례들, 비선형적 작용들, 창발적 효능들 말이야.

PP 그렇다면 인간은 어떻게 되는 거야? 전부 다 물질적 생기라면 인간과 다른 물질의 차이도 그냥 평준화되는 거 아냐? 생기로 대동단결! 생명 대통일! 뭐 이렇게 되는 것 같은데.

NH 물론 물질적 생기는 인간과 비인간 사이를 횡단하고 있어.
하지만 횡단성이란 총체성 없는 통일성이고 종합 없는 구성이야.
인간과 비인간 모두가 물질적 생기를 띠지만, 즉 완벽히 예측 가능하지는 않은 효력들을 발휘하지만, 그들이 한데 어우러져서 '하나'가 되거나 또는 한 종류의 힘으로 종합되는 건 아니야. 그들은 여전히 다르지. 베넷이 제시한 존재-이야기 봤지?
거기서도 분명히 언급되고 또 곳곳에서 강조되고 있는 건데, 물질적 생기의 장은 '평평하지 않아.' 간극이나 위계는 없어도 지형상의 차이는 얼마든지 있을 수 있어.
생기론적 유물론은 인간을 커피 테이블의 수준으로 격하하지도,
반대로 커피 테이블을 인간의 수준으로 격상하지도 않아.
단지 물질적 생기가 그들을 횡단하고 있다고 할 뿐이야.
생기론적 유물론은 인간과 고슴도치가 다르지 않다고 우겨 대는 게 아니라
인간과 고슴도치의 차이를 그대로 살려놓은 채 그들을 가로지르는 힘이 있다고 주장하는 거야.

5장 로지 브라이도티: 살아 있는 물질에서 인간-이후의 주체로

포스트휴먼이라는 물음: 인간은 계속 인간일 수 있을까?

인간은 앞으로도 여전히 인간일 수 있을까? 일견 이상하게 들리지만, 급변하는 현실을 보면 이는 상당히 절박한 질문이라고 할 수 있다. 현재 두 가지 운동이 진행 중인 것 같다. 한편으로 비인간이 부상하고 있다. 반려동물, 실험동물을 포함한 동물의 지위는 빠르게 향상되고 있다. 기후위기와 팬데믹이 인류의 생존을 직접적으로 위협하고 있으며 인공지능과 로봇이 사회 전반을 재편하고 있다. 다른 한편으로 인간이 몰락하고 있다. 동물실험을 비판하는 목소리가 울려 퍼지는 그 반대편에서는 거대 제약회사에 의해 윤리적으로 의심스러운 임상실험이 대규모로 이루어지고 있으며, 북아프리카와 아랍 지역에서는 기후 변화로 인한 가뭄 때문에 엄청난 수의 기후 난민이 양산되고 있다. 서구 세계라고 나을 게 없다. 유럽은 팬데믹에 제대로 손 한번 써 보지 못한 채 우왕좌왕하기만 했고, 미국에서는 이 글을 쓰는 현재까지 거의 백만 명에 육박하는 인구가 팬데믹으로 인해 사망했다. 그 와중에 인공지능은 진화를 거듭하여 이제는 인간의 직업을 대체하는 것을 넘어 면접을 통해 인간의 경력을 좌우하고 있다. 취업을 하려면 인공지능에게 '점수를 따야' 하는 것이다! 해러웨이가 "우리가 만든 기계들은 불편할 만큼 생생한데, 정작 우리는 섬뜩할 만큼 생기가 없다"고 한 지 30년이 넘었지만, 그녀의 진단은 지금도 놀랍도록 현재적이다.[1] 이제 인간은 실험당하고, 떠돌며, 병에 걸리고, 죽고, 쓸모가 없어지며, 눈치를 본다. 비인간의 부상과 인간의 몰락 사이에서 인간 조건human condition 자체가 붕괴하고 있는 것이다. 브라이도티라면 이를 두고 '포스트휴먼 조건'이라고 할 것이다.[2] 그녀는 인간이라는 개념 자체가 "현대의 과학적 진보와 지구적 경제 문제라는 이중의 압력으로 파열되고 있다"고 진단한다.[3] 과연 인간은 계속 예전처럼 인간다울 수 있을까?

브라이도티의 작업은 여러모로 선구적이다. 그녀는 '포스트휴먼'이라는 말을 띄운 장본인이자 포스트휴머니즘 담론에서 언제나 중요하게 참조되어 온 이론가이기도 하다.

1 도나 해러웨이, 《해러웨이 선언문: 인간과 동물과 사이보그에 관한 전복적 사유》, 황희선 옮김, 책세상, 2019, 25.

2 포스트휴먼 조건에 대한 자신의 결론을 브라이도티는 다음과 같이 명료하게 요약한다. "첫째, 우리에게는 포스트휴먼 선회를 세심하게 숙고하고 휴머니즘의 쇠락을 인정하는 새로운 주체 이론이 정말로 필요하다. 둘째, 서양철학 전통의 안과 밖 양쪽에서 비판적 포스트휴먼 포지션들이 확산되는 현상이 보여주는 고전적 휴머니즘의 종말은 위기가 아니며 긍정적 결과들을 수반한다. 셋째, 선진 자본주의는 아주 빠르게 서양 휴머니즘의 쇠락과 지구화가 가져온 문화적 혼종화 과정이 열어준 기회를 인지하고 착취하고 있다." (로지 브라이도티, 《포스트휴먼》, 이경란 옮김, 아카넷, 2015, 69-70.)

3 로지 브라이도티, 앞의 책, 8.

브라이도티에게 이론은 "계보학적 도구"이자 동시에 "항해적 도구"다.[4] 그녀는 휴머니즘의 다양한 형태들을 비판적으로 검토하고 인간 조건이 해체되는 과정에서 어떤 주체들이 출현하고 있는지를 상세하게 기술한다. 넓은 의미의 비판적 포스트휴머니즘 또는 포스트휴먼 비판 이론의 일차적인 과제는 이러한 지도 제작cartography일 것이다. 이를 통해 브라이도티는 궁극적으로 포스트휴먼 조건을 살아내는 새로운 주체, 즉 **포스트휴먼 주체성**posthuman subjectivity을 제안하고자 한다. 그런데 이 모든 작업의 출발점이 되는 것은 새로운 물질성, 즉 **지능적이고, 자기조직적이며, 살아 있는 물질**living matter이라는 개념이다.[5] 브라이도티는 생기론적 유물론에 기반을 두고 주체성과 윤리의 문제를 재구성함으로써 신유물론이 가진 비판적 잠재력을 독창적으로 실현하고 있다.

4 로지 브라이도티, 앞의 책, 13.

5 앞으로 계속 등장할 'living matter'는 국내 문헌들에서는 주로 '생명 물질'로 번역되는데, 이 번역어는 죽은 물질(dead matter)과 대립되는 활기차고 생기 있는 물질이라는 용어의 함축을 잘 드러내지 못한다. 게다가 '생명 물질'은 자칫 그것이 세포와 같은 생물학적 물질이나 유기물만을 가리키는 것으로 오해될 소지가 다분하다. '살아 있는 물질' 또는 '산 물질' 등으로 번역하는 것이 낫다고 생각한다.

포스트휴먼을 위한 유물론: 생기론적 유물론

브라이도티는 반복해서 생기 있고, 지능적이며, 스마트하고, 자기조직적인 물질을 강조한다. 물질이 생명 또는 생기라고 부를 수 있는 능동적인 힘을 가진다는 것은 앞서 베넷을 다루면서 충분히 살펴보았다. 물질이 지능적이거나 스마트하다는 것은 외부로부터의 프로그래밍이나 지령 없이도 '자기가 알아서' 작용하고 변화할 수 있다는 말이다. 자기조직성도 이와 다르지 않다. 결국 브라이도티가 말하는 물질은 새로운 물질성, 스스로 힘써 행하는 능동적이고 생기 있는 물질과 다르지 않다. 그녀는 이런 새로운 물질 개념이 기술과학의 발전에 의해 지지된다는 사실을 강조한다. "모든 물질의 단일성에 대한 고전적 강조는 최신 과학이 살아 있는 물질을 자기조직적인, 즉 '스마트' 구조로 이해함으로써 강화된다. 이러한 개념들은 최근의 생명과학, 신경 및 인지과학의 새로운 발전과 정보 과학의 지지를 받고 있다."[6] 브라이도티 자신이 생기론적 유물론을 적극적으로 내세울 뿐

6 로지 브라이도티, 앞의 책, 77-78. 용어 통일을 위해 번역을 일부 수정. 물질이 스마트하다고 할 때 최근의 스마트 기술을 떠올리기 쉽다. 그러나 물질의 스마트함을 단지 최신의 과학적 성과에 의해서만 뒷받침되는 것으로 생각해서는 안 된다. 브라이도티가 물질의 스마트함 또는 지능의 사례로 분자생물학과 생명공학의 성과들을 들기는 하지만 그렇다고 스마트한 물질이 그런 성과가 나온 이후에야 존재하게 된 것은 아니다. 모든 물질은 이미 생기를 띤 스마트한 물질이다. 브라이도티가 참조하는 기술과학의 성과들은 물질의 스마트함을 드러내는 사례일 따름이다.

아니라 베넷의 작업을 참조하고 있으므로, 그녀를 또 한 명의 생기론적 유물론자로 보아도 무방할 것이다.

브라이도티는 생기론적 유물론을 받아들여 포스트휴먼이라는 맥락으로 확장한다. 그녀에 따르면 "생기론적 유물론은 인간중심주의를 극복하고자 하는 포스트휴먼 감수성의 핵심"이다.[7] 브라이도티는 생기론적 유물론 자체를 직접 해명하거나 정당화하지는 않으며, 그것을 그대로 받아들여서 포스트휴머니즘으로 발전시키려 할 뿐이다. 사실 그녀의 노력 대부분은 바로 여기에 초점이 맞춰져 있으며, 이런 작업이야말로 다른 생기론적 유물론자들과 차별화되는 그녀만의 고유성이라고 할 수 있다. 생기론적 유물론이 포스트휴먼이라는 문제의식으로 연결될 수 있는 이유는 인간 또한 "체현된 인간human embodiment 이라는 특정한 물질"로서 살아 있는 물질에 포함되기 때문이다.[8] 브라이도티는 자신의 작업을 다음과 같이 압축적이면서도 명료하게 요약한다.

> 내 주장은 이러하다. 분자생물학에서 거둔 놀라운 과학적 진보는 물질이 자기조직적(자기생성적)이라는 사실을 가르쳐주고, 일원론적 철학은 물질이 구조적으로 관계적이며 다양한 환경과 연계되어 있다고 덧붙인다. 이러한 통찰은 지능적 생기성intelligent

7 로지 브라이도티, 앞의 책, 76.
8 로지 브라이도티, 앞의 책, 50-51.

> vitality이라는 자기조직적 능력이 인간 개체의 자아 내부에 있는 피드백 루프에만 제한된 힘이 아니라 모든 살아 있는 물질에 있는 힘이라고 정의한다. 그렇다면 물질은 어떻게 지능적인가? 그것은 물질이 정보 코드들에 의해 추동되기 때문이다. 이 정보 코드들은 자신의 정보 표시줄을 이용하기도 하고, 사회적, 정신적, 생태적 환경과 여러 방식으로 상호작용하기도 한다. 이렇게 힘과 데이터 흐름이 복잡한 장 안에서 주체성은 어떻게 되는가? 주체성은 확장된 관계적 자아가 되고, 이 모든 요인은 축적된 효과에 의해 생성된다는 것이 나의 주장이다. 포스트휴먼 주체의 관계적 능력은 우리 종에만 국한되지 않으며, 인간의 형상을 하지 않은 모든 요소도 포함한다. 살아 있는 물질은—육체를 포함해서—지능이 있고 자기조직적이다. 그것은 바로 살아 있는 물질이 유기적 생명의 나머지 부분과 분리되어 있지 않기 때문이다. 그래서 나는 사회구성주의적 방법으로만 작업하지 않는다. 그보다는 생명의 인간-아닌 생기적 힘vital force을 강조한다. 그것을 나는 조에zoe로 코드화한다.[9]

이 한 문단에 브라이도티가 전개하는 비판적 포스트휴머니즘의 정수가 모두 집약되어 있다고 해도 과언이 아니다. 모든 것의 출발은 새로운 물질성이다. 브라이도티의 주제는 '물질성과 주체성의 연동'이다. 물질이 지능적이고 생기 있으며 자기조직적

9 로지 브라이도티, 앞의 책, 81. 용어 통일을 위해 번역을 일부 수정.

이라면 주체는 무엇이 되며 무엇이 되어야 할까? 브라이도티에 따르면 주체는 비인간들과의 새로운 관계 맺기를 통해 확장된다. 이 관계와 확장을 가능하게 하는 것은 물질을 살아 움직이게 만드는 "인간-아닌 생기적 힘", 즉 조에다. 여기서 조에란 아마도 데란다가 '형태형성적 힘'이라고 부른 것 그리고 베넷이 들뢰즈에 의지하여 '하나의 생명'이라고 부른 것과 다르지 않을 것이다. 그녀는 실제로 조에를 들뢰즈와 과타리가 말하는 **우주적 기계** 또는 **카오스**Chaos와 같은 것으로 묘사한다.[10] 결국 조에로서의 인간이 조에로서의 비인간들과 관계함으로써 새로운 주체로 거듭나는 셈이다.

포스트휴먼을 위한 횡단성: 자연-문화 연속체

그런데 브라이도티는 왜 사회구성주의적 방법만으로 작업하지 않겠다고 선언하는 것일까? 그녀에 따르면 "사회구성주의적 접근 방식은 주어진 것(자연)과 구성된 것(문화)을 범주적으로 구별한다."[11] 이에 따르면 주어진 것은 구성과 무관하기에 재구성도 불가능한 반면 구성된 것은 본래 구성된 것이기에 자유롭게

10 로지 브라이도티, 앞의 책, 114.

11 브라이도티, 앞의 책, 9. 다시 말해 주어진 것 따로 구성된 것 따로라는 것이다.

재구성할 수 있다. 그러나 이런 이원론은 주어진 것도 언제나 부분적으로는 구성의 산물이기에 원칙적으로 재구성될 수 있다는 사실, 그리고 구성된 것이 이미 부분적으로는 주어져 있으므로 언제나 쉽게 재구성될 수는 없다는 사실을 포착하지 못한다. 예컨대 자연은 이미 문화적 규정에 따라 주어진 자연이기에 원칙적으로 재구성이 가능하고, 문화는 이미 자연의 제약 속에서 구성된 문화이기에 때로는 자연만큼 견고할 수 있다. 브라이도티는 특히 기술과학의 발전이 이런 사태를 극명하게 드러낸다는 점을 지적한다. "자연적인 것과 문화적인 것 사이의 범주적 경계선은 과학과 기술의 발전으로 자리가 바뀌고 또 상당히 흐려지고 있다."[12] 그러나 주어진 것은 구성된 것과 같지 않고, 구성된 것은 주어진 것과 같지 않다고 보는 사회구성주의의 이원론은 이렇게 문화적이게-되는-중인 자연, 자연적이게-되는-중인 문화를, 즉 포스트휴먼 조건을 포착할 수 없다. 포스트휴먼 조건을 탐색하려는 브라이도티에게 사회구성주의는 애초에 선택지가 될 수 없는 것이다.

사회구성주의 대신 브라이도티가 출발점으로 삼는 것은 **자연-문화 연속체**nature-culture continuum다. "자연-문화 연속체는 무엇인가? 그것은 그동안 폭넓은 동의를 받아 온 사회구성주의적 접근에 거리를 두는 과학적 패러다임을 나타낸다."[13] 자연과

12 로지 브라이도티, 앞의 책, 10.
13 로지 브라이도티, 앞의 책, 9.

문화는 그들을 범주화하는 경계가 정해져 있지 않다는 점에서 '연속적'이다. 이러한 연속성을 가능하게 하는 것은 생기론적 유물론이다. 베넷을 다룬 앞 장에서 보았듯이, 살아 있는 물질의 생기에 초점을 맞추면 주어진 것/구성된 것은 물론 자연/문화, 정신/물질 등의 이원론적 범주들은 더 이상 유지될 수 없다. 자연적으로 주어진 물질은 항상 문화적 전처리cultural pretreatment를 거친 물질이고, 문화적으로 구성된 물질은 언제나 자연적 선결조건 natural precondition 위에서 구성된 물질이기 때문이다. 물질적 생기는 자연적이면서 문화적이지만 또한 순전히 자연적인 것도 문화적인 것도 아니다. 그것은 자연과 문화 사이를 가로지른다. 그렇다고 자연과 문화 사이에 어떤 총체성이 생겨나는 것도 아니다. 자연과 문화는 물질 속에서 '총체가 아닌 하나'가 된다. 브라이도티가 말하는 조에는 이러한 물질적 생기와 다르지 않다. 그것은 "이전에는 분리되어 있던 종과 범주와 영역을 가로질러 재연결하는 횡단적 힘"인 것이다.[14] 따라서 어떤 사태를 자연-문화 연속체로 본다는 것은 그것을 횡단적으로 본다는 것이다. 자연-문화 연속체는 철 지난 이원론을 뒤로 한 채 횡단성에 입각하여 포스트휴먼 조건에 접근하기 위해 브라이도티가 선택한 방법론이다.

자연-문화 연속체의 사례는 많다. 예를 들어 신체의 면역 작용에서 타고난 것과 만들어진 것은 더 이상 날카롭게 구분될

14 로지 브라이도티, 앞의 책, 82.

수 없다. 면역 작용에서 자연과 문화는 마치 합금처럼 뒤섞여 있다. 코로나 바이러스에 대한 면역은 주어진 것인가 아니면 구성된 것인가? 그것은 타고난 면역 체계를 활용한 것이라는 점에서 자연적이지만 백신을 통한 면역 형성이라는 점에서는 인공적이다. 면역 작용 속에서 생물학은 이미 공학적이고 공학은 이미 생물학적이다. 젠더라고 다를까? 주디스 버틀러Judith Butler는 젠더 수행성gender performativity과 그것을 규제하는 이성애 매트릭스heterosexual matrix를 말하지만, 매트릭스에 따르는 수행성이 진공 속에서 이루어지지는 않을 것이다.[15] 젠더 수행도 생물학적 신체가 이성애 매트릭스를 '따라 주고' 규제를 '받쳐 줄' 때 비로소 가능해지는 것이다. 수행성을 통해 젠더가 구성된다고 하더라도 그 구성이 얼마나 성공적인지는 몸이 이성애 매트릭스의 규제를 얼마나 수용하는지, 신체가 그 매트릭스와 어떻게 협응하는지에 달려 있다. 몸이 따라 주지 않고 신체가 받쳐 주지 않는다면

15 버틀러가 말하는 젠더 수행성에는 이중의 의미가 있다. 그것은 이성애 이데올로기 등의 담론을 받아들이고 인정하는 행위이자 또한 문화적이고 사회적으로 주어진 젠더 역할을 언어, 사유 행위를 통하여 주어진 젠더 역할을 반복적으로 수행하는 실천이기도 하다. 버틀러에 따르면 젠더란 행위와 실천의 효과로 구성되는 것이다. 이런 반복되는 행위들을 통해 젠더의 불안정함이 진정되고 정상적인 젠더라고 할 만한 것이 생산된다. 버틀러는 젠더 수행성의 사회구성적인 측면을 드러내는 사례로 드랙(drag)을 든다. 그녀는 신체, 젠더, 욕망 등을 마치 주어진 것처럼 자연화하여 받아들이게 만드는 헤게모니적, 담론적, 인식적 모델을 이성애 매트릭스라고 부른다. 이 매트릭스에 따르면 이성애를 통한 대립적이고 위계적인 방식으로 정의된 젠더는 안정적이고 견고한 섹스가 표현된 것이다. 가령 남자다움의 실천은 남성성의 표현이고 여자다움의 수행은 여성성의 표현이라는 식이다. 버틀러는 이러한 이성애 매트릭스에 내재한 본질주의적인 개념들을 비판적으로 파고든다.

젠더 수행은 실패한다. 신체에 대한 진지한 고려 없이 젠더를 운운할 수 있다는 생각은, 마치 물질에 대한 적극적인 존재론 없이 유물론을 주장할 수 있다는 생각만큼이나 이상하게 들린다. 젠더 수행성이란 문화적으로 부과되는 이성애 매트릭스의 문제인 동시에 그 매트릭스에 맞춰 젠더를 수행하는 생물학적 신체의 문제이기도 하다. 반대로 그것은 매트릭스만의 문제일 수도, 신체만의 문제일 수도 없다. 젠더 수행성 속에서 생물학은 이미 문화적으로 규제되고 있으며, 문화는 이미 생물학적으로 제약되고 있다. 젠더를 수행하는 신체는 자연과 문화의 경계를 가로지르는 자연-문화 연속체다.

사실 자연-문화 연속체가 아주 독창적인 개념이라고 할 수는 없다. 그 표현에서 엿볼 수 있듯이, 그것은 해러웨이의 자연문화를 빼닮았다. 자연-문화 연속체 또한 자연과 문화의 횡단성 또는 공-구성적 관계를 포착하는 개념인 것이다. 비록 브라이도티가 자연-문화 연속체를 도입하면서 해러웨이를 직접적으로 인용하거나 참조하지는 않지만, 그 개념적 내용을 볼 때 둘의 연관은 명백하다. 어쨌든 자연-문화 연속체는 브라이도티의 비판적 포스트휴머니즘 전체를 가동시키는 엔진과 같다. "자연-문화 연속체는 포스트휴먼 이론에 대한 나의 입장이 공유하는 지점이다."[16] 그것은 포스트휴먼 조건에 대한 새로운 접근을 가능하게 할 뿐만 아니라 그 조건을 살아낼 새로운

16 로지 브라이도티, 앞의 책, 9.

주체성을 상상할 수 있게 해 준다. 해러웨이적 영감이 충만한 자연-문화 연속체라는 개념은 그것이 '인간이란 무엇인가'라는 인간학 또는 주체의 질문과 연결되었을 때 진가를 발휘한다.

포스트휴먼을 위한 주체성: 동물-되기, 지구-되기, 기계-되기

자연-문화 연속체의 개념은 인간만이 아니라 비인간 존재자들로 일반화된다. 생기론적 유물론이 자연과 문화의 횡단성을 통해 비판적 포스트휴머니즘으로 확장되는 것이다.

이제 비인간이건 인간이건 전부 자연-문화 연속체로 이해된다. 인간의 주체성에도 변화가 일어난다. 인간이란 무엇인가? 브라이도티에 따르면 인간은 비인간과 본질적으로 동등함에도 불구하고 비인간에게 광범위하고 돌이킬 수 없는 영향을 미치고 있으며, 그와 동시에 기술과학을 통해 비인간으로 구성되고 있다. 인간은 탈-인간중심주의적post-anthropocentric 주체인 동시에 윤리적 주체이면서도 또한 사이보그 주체인 셈이다. 이런 주체는 안트로포스anthropos도, 고전적 휴머니즘이 말하는 대문자 휴먼Human도 아니다. 그것은 인간-이후의 인간, 포스트휴먼이라는 이름에 걸맞는 새로운 주체다. 새로운 주체성은 새로운 윤리를 요구하기 마련인데, 브라이도티는 이 모든 상황을 **동물-되기**becoming-animal로서의 포스트휴먼, **지구-되기**

becoming-earth로서의 포스트휴먼, **기계-되기**becoming-machine로서의 포스트휴먼이라는 삼중의 개념을 통해 포착하고 있다. 이들은 포스트휴먼 주체의 세 얼굴인 셈이다.

동물-되기는 비인간 동물이 자연-문화 연속체라는 인식으로부터 시작한다. 인간뿐 아니라 인간과 상호작용하는 동물도 어디서부터 자연이고 어디서부터 문화인지 딱 잘라 말할 수 없는 자연-문화 연속체라는 것이다. 일견 자연적인 것처럼 보이는 동물들도 알고 보면 인간만큼 사회적이고 문화적인 존재다. 이미 해러웨이는 자신과 반려견 사이의 관계를 성찰하면서 '개의 존재론'을 전개한 바 있는데, 그녀에 따르면 개는 인간의 역사와 함께해 오면서 사회적으로 구성된 존재다. "**자연문화적 합성물인** 개는, 다른 기술과학의 산물과 다르지 않게, 비록 소중한 타자이기는 해도 철저한 타자"이며 "대부분의 인간처럼 사회적으로 구성된다."[17] 이러한 분석은 인간과 관계를 맺고 있는 다른 반려종들을 포함한 가축들, 자원이나 위험 요인으로 관리되는 동물종들의 경우로 일반화된다. 인간과 마찬가지로 동물 또한 자연-문화 연속체인 것이다.

인간과 동물이 모두 자연-문화 연속체라면, 둘 사이에는 **횡단적 차이**transversal difference만이 있을 뿐 존재론적 위계는 성립할 수 없을 것이다. 위계가 없으므로 동물과 인간의 지위는 유사해질 수 있다. 사회문화적 구성을 강화할수록 동물은 인간과

17 로지 브라이도티, 앞의 책, 93. 강조 추가. 번역 일부 수정.

비슷해지는 반면 그러한 구성을 박탈할수록 인간은 동물과 다름없어진다. 브라이도티는 여러 흥미로운 사례들을 제시한다. 포스트휴먼 조건에서는 "서로 다른 생명 형식들에서 놀랄 만한 물질적 등가 형식이 발견"되는데, 가령 "LA의 화려한 교외 지역에서 애완동물의 다이어트 클리닉이 성공했다는 뉴스를 듣고 의미심장한 웃음을 애써 누르지 않는 사람"은 거의 없을 것이다.[18] 또한 "하이테크 전쟁에서 '부수적 피해'를 체현하는 인간들의 지위는 제네바 조약이 정의한 '전쟁의 피해자'이기보다는 나토NATO의 폭격으로 강제로 해방되어 거리를 배회하던 사라예보 동물원의 동물들의 지위에 더 가깝다."[19] '존재론적 지위'라는 말이 어렵다면 그냥 '처지'라고 해도 좋겠다. 온갖 관리를 받는 동물은 일견 인간보다 더 나은 처지에 있는 것으로 보인다. 반면 어떤 문명의 혜택도 받지 못하는 인간의 처지는 동물과 다름없다고 할 수 있다. 그렇다면 인간을 특권적인 종으로 간주해 왔던 인간중심주의는 더 이상 유지되기 힘들다.[20] 동물-되기로서의

18 로지 브라이도티, 앞의 책, 93-94.

19 로지 브라이도티, 앞의 책, 183.

20 브라이도티의 다음과 같은 서술은 적실할 뿐만 아니라 절묘하기까지 하다. "냉전이 정점에 달해 미국과 소련 사이에서 격화되던 경쟁과 초기 우주 탐험 프로그램의 일환으로 개와 원숭이 들이 우주 궤도로 쏘아 올려질 때, 조지 오웰은 '모든 동물은 평등하지만, 어떤 동물들은 다른 동물보다 더 평등하다'고 반어적으로 말했다. 세 번째 천년의 새벽, 기술적으로 매개된 끝없는 전투에 사로잡힌 세계에서 그런 은유적 웅장함은 공허하게 들린다. 탈-인간중심주의는 그 반대를 시사한다. 어떤 동물도 다른 어떤 동물보다 더 평등하지 않다. 왜냐하면 동물들은 그들을 모두 유사하게 상품화하고 평등하게 일회용으로 만드는 지구 행성적 교환의 시장경제

포스트휴먼이란 자연-문화 연속체로서 비인간 동물들과 평등하게 관계 맺는 주체, 탈-인간중심주의를 통해 재구성된 주체를 말한다.

인간-동물 관계의 변화는 새로운 윤리적 공간을 열어 놓는다. 인간이 동물보다 특별히 더 나을 것이 없고, 인간이나 동물이나 다 비슷한 처지에 있다면, 인간은 동물을 어떻게 대해야 할까? 동물들은 그저 사회적 구성물에 불과한 것이 아니므로, 그들을 인간들끼리 멋대로 만들어 낸 기준으로 다루어서는 안 될 것이다. 하지만 그들은 날것의 자연적 존재도 아니므로, 그들을 '자연 상태'에 내버려 두어서도 안 된다. 동물들을 손쉽게 의인화하는 것도 답이 될 수 없다.[21] 인간은 동물들을 구성할 수도, 방임할 수도 없는 곤란한 상황에 봉착한다. 요점은 동물을 대하는 방식에 따라 인간의 지위 또한 결정된다는 사실이다. 예컨대 동물을 인간의 목적에 따라 구성할 수 있는 사회적 구성물로 취급할수록 **동물과 비슷한 처지에 있는 인간** 또한 그런 취급을 받게 될 것이다.

에 평등하게 기입되어 있기 때문이다. 다른 모든 구별은 흐려진다." (로지 브라이도티, 앞의 책, 95.)

21 브라이도티는 의인화가 오히려 인간-동물 구분을 더 강화한다는 점을 지적한다. 의인화에서 '의인화되는' 것은 동물인 반면 '의인화하는' 것은 인간이다. 동물은 의인화의 대상으로만 취급될 뿐, 여전히 인간이 의인화의 주체로서 자신의 선택에 따라 의인화할 수도 있고 하지 않을 수도 있는 위치를 점하고 있다는 것이다. 또한 의인화는 사실상 동물들을 인간화하는 작업이나 다름없기 때문에 비인간으로서의 동물들이 가진 이질성과 특수성을 완전히 간과하고 만다. 의인화된 동물은 원래의 동물이 아니라 인간의 입장에서 다루기 쉬운 동물, 인간을 위해 적절하게 가공된 동물, '관념적으로 길들여진' 동물일 뿐이다. 인간중심적인 헤게모니를 고수하면서 인간적 이미지로 환원되지 않는 동물성을 지우는 것이 어떻게 동물과의 윤리적 관계가 될 수 있겠는가? (브라이도티, 앞의 책, 106.)

실험동물을 기술적으로 조작할 수 있는 가능성이 커질수록 인간을 그렇게 조작할 수 있는 가능성도 덩달아 커진다. 유전자 조작을 통해 사회가 필요로 하는 동물종을 만들어 낼 수 있다면 사회의 목적에 맞게 인간종을 개량하는 것이 왜 불가능하겠는가? 트랜스휴머니즘까지 갈 것도 없이, 이미 유전자 편집 아기가 연구되고 있다. 반면에 동물을 인간에 의해 구성되지 않은 타고난 동물성을 가진 것으로 대할수록 인간 또한 그런 본연의 인간성을 타고난 존재로 간주될 것이다. 반려종들의 '본성'을 거스른다는 이유로 그들에 대한 인위적인 관리를 거부하는 이들은 유사한 논리로 인간-기계 상호작용, 의료적 개입, 인간 향상 등에 회의감을 느끼면서 인간의 고유한 '자연스러움'을 지키려 할 것이다. 이처럼 "포스트휴먼 관계에서 요점은 인간/동물의 상호-**관계**가 인간과 동물 **각각의** 정체성을 구성한다는 것이다."[22] 인간과 비인간 동물은 공-구성적이다. 인간이 동물을 제멋대로 구성하면, 인간도 결국에는 제멋대로 구성될 것이다. 동물을 어떻게 대하는지의 문제는 곧 어떤 인간이 되는지의 문제이며 그 역도 마찬가지다.

인간과 동물이 자연-문화 연속체라면, 그들이 살아가는 거주지, 지구는 어떨까? 지구도 예외가 아니다. 브라이도티는 지구라는 행성 또한 거대한 자연-문화 연속체로 본다. "나의

22 로지 브라이도티, 앞의 책, 106. 강조 추가. 상호관계를 통해 각자의 정체성이 구성된다는 것은 이후에 캐런 바라드가 강조하는 '얽힘'을 떠올리게 한다.

출발점은 여전히 자연-문화 연속체다. … 상황을 더 복잡하게 하는 것은 우리가 기술적으로 매개되어 있으면서 동시에 지구적으로 강요된 그런 자연-문화 연속체에 거주한다는 사실이다."[23] 가축과 같은 동물들이 인간에 의해 구성된다는 점은 쉽게 받아들여지지만, 지구와 같은 거대 규모의 자연이 인간의 문화와 연속적이라는 사실은 잘 와닿지 않는다. 오히려 광활한 자연이나 자연재해 앞에서 인간은 자신의 미약함을 깨닫고 겸손해지지 않는가? 그러나 최근의 인류세에 대한 논의는 인간을 압도하는 순수 자연으로서의 지구라는 이미지가 얼마나 허구적인지를 드러낸다. 집단적 차원의 인간 주체, 즉 인류는 지질학적으로 새로운 시대를 구획할 만큼 지구에 막대한 영향을 미쳐 온 것이다. 니체의 차라투스트라는 인간을 두고 "잘 해야 대지의 살갗에 생긴 피부병"이나 "작은 구더기"일 뿐이라고 조롱했지만, 인류세 시대의 지구형태형성geomoriphism은 인간이야말로 대지를 '빚어내는' 존재일 수 있다는 점을 보여준다. 그렇게 인간에 의해 빚어내어진 지구는 더 이상 디폴트로 깔려 있는 거대한 자연물일 수 없다. 그것은 인간과 비인간 생물종들이 각자의 방식으로 구성하고 있는 공동 서식지인 것이다. 새의 정교한 둥지나 거대한 개미집, 비버가 만들어 낸 댐은 자연인가 아니면 동물 사회에 고유한 문화인가? 둥지, 개미집, 댐이 자연-문화 연속체라면 인간과 비인간 모두의 서식지인 지구 또한 자연-문화 연속체가

23 로지 브라이도티, 앞의 책, 108-109.

아닐 이유가 없다.

자연-문화 연속체로서의 지구라는 개념은 인간을 행성적 차원의 주체가 되도록 부추긴다. 지구에 미치는 자신의 구성적 힘을 진지하게 고려하면서, 인간은 인간중심주의로부터 또 한 번 이탈하게 된다. 인간중심주의는 지구를 인간을 위해 주어진 자원 또는 인간에게 주어지는 위협으로만 인식하게 한다. 그러나 지구가 인간에게 주어지는 만큼 인간에 의해 구성되는 것이라면, 이런 순진한 생각은 더 이상 유지될 수 없다. 인류세를 사는 인간은 지구에 속해 있으면서 동시에 자신이 속한 지구를 빚어내는 존재다. 브라이도티에 따르면 주체성의 갱신은 이러한 관점의 변화를 통해 가능하다. 그녀는 디페시 차크라바르티Dipesh Chakravarty의 작업을 참조하면서 "지구중심적 관점과 인간의 위치 변화, 생물학적 행위자에서 지질학적 행위자로의 인간의 위치 변화가 주체성과 공동체 모두의 재구성을 요청한다"고 말한다.[24] 이른바 **지구-중심적 전회**the geo-centered turn가 일어나고 있는 것이다. 지구-되기로서의 포스트휴먼이란 행성적 관점에서 재고된 주체, 지질학적으로 확장된 인간을 말한다.

지구-되기는 비판 이론의 방향과 관련하여 몇 가지 중요한 함축을 가진다. 우선 지구-되기는 무엇보다 행성 규모의 사유와 비판이 필요하다는 점을 상기시킨다. 물론 마르크스주의와 페미니즘 등 이미 많은 비판 이론이 존재한다. 그러나

24 로지 브라이도티, 앞의 책, 111.

브라이도티가 보기에 이들의 초점은 대부분 '인간' 집단이 구성한 정치경제학적 체제나 권력이 다른 '인간' 집단에게 어떤 억압을 행사하는지에 맞춰져 있기에 "지구-중심적 선회가 생성하는 공간적·시간적 스케일의 변화를 다루기에 충분치 않다."[25] 또한 전통적인 비판 이론은 "인간 행위자들과 인간-아닌 행위자 둘 다와 맺는 상호작용의 기본 신조를 지구행성적 규모로 다시 생각하는 데" 큰 도움이 되지는 못한다.[26] 포스트휴먼 조건 자체가 행성적인 문제라면, 그에 대한 비판 이론이 특정 계급이나 젠더는 물론 특정 지역이나 국가, 민족에 국한되어서는 안 될 것이다. 이런 측면에서 일부 사회주의 이론, 페미니스트 입장론standpoint theory, 탈식민주의post-colonialism 등이 지구-되기를 위한 비판 이론의 자원이 되어 줄 수 있을 것이다. 반면에 자민족중심주의ethnocentrism 같은 것은 포스트휴먼의 시대에 설 자리를 잃을 것이다.

동물과 지구 외에 가장 명확하게 알아볼 수 있는 자연-문화 연속체는 아마 인간의 신체일 것이다. 현재 인간은 '요람에서 무덤까지' 기술적 개입과 변형에 노출되어 있다. 의료 장치가 구비된 병원에서 태어나 생명 유지를 위한 보조를 받고 각종 백신을 접종 받으며 성장하는 과정은 기술 없이는 상상할 수조차 없다. 굳이 마샬 매클루언Marshall McLuhan을 운운하지 않더라도, 이미 정보통신기술information communication technology, ICT은 그 자체로

25 로지 브라이도티, 앞의 책, 111.

26 로지 브라이도티, 앞의 책, 13-14.

인간 지각의 확장으로 기능한다. 정보통신기술과 생명기술로 매개된 신체는 명실상부 해러웨이가 말한 사이보그다. 인간은 "생명기술로 매개된biomediated 신체"가 되었고, 따라서 "이제는 사이보그가 풍부한 정치적 경제적 의미를 지니고 사회 곳곳에서 활발하게 활동하는 지배적인 사회적, 문화적 형성물이라는 가정하에서 출발"할 수 있을 것이다.[27] 이처럼 사이보그가 보편화되고 인간의 신체가 그 자체로 기술적 산물이 되는 사태가 기계-되기로서의 포스트휴먼이라고 할 수 있다.

기계-되기란 인간의 신체가 자연-문화 연속체임을 인식하고 그것을 새로운 자연-문화 연속체로 재구성하는 것을 말한다. 브라이도티는 들뢰즈와 과타리의 작업에 의지하여 기계-되기가 지향하는 바를 정리한다. 그들에 따르면 기계-되기는 "감각들의 히피적 반란이 아니라 세심하게 숙고된 프로그램"으로서 "우리의 신체를 그 심층 구조에서 자연-문화 연속체의 일부로 다시 보게" 하고, 나아가 "선진 자본주의의 효율성과 가혹한 기회주의와 정반대 방향으로 신체의 물질성을 재구성하는 작업들을 설정"

27 로지 브라이도티, 앞의 책, 118-119. 바로 이어지는 서술에서 브라이도티는 기술에 의해 구성되고 매개되는 신체뿐만 아니라 기술의 생명정치적 효과에 영향을 받는 이들까지 사이보그로 포함시킴으로써 사이보그의 외연을 확장한다. "나는 모든 기술이 그것이 상호 교차하는 체현된 주체에 강력한 생명정치적 효과를 낸다고 덧붙임으로써 이 진술을 약간 수정해 보겠다. 이렇게 되면 사이보그는 하이테크 제트 전투기 조종사, 운동선수, 영화배우의 멋진 몸뿐만 아니라, 기술이 주도하는 지구적 경제에 접속하지 않으면서도 그 경제에 연료를 공급하는 익명의 저임금 디지털 프롤레타리아 대중도 포함하게 된다."

하려는 기획이다.[28] 기계-되기는 단지 사이보그를 인식하는 데서 멈추지 않는다. 자본주의는 이윤을 위한 생산자와 생산수단의 결합을, 즉 인간 신체와 기술을 매개하는 강력한 패턴들을 만들어 내고 있기 때문에, 그런 패턴들로부터 벗어나는 자연-문화 연속체의 재구성이 시급히 요청된다. 기계-되기란 이러한 재구성의 실천이다. 자연-문화 연속체로서의 신체는 인식되고 재고되어야 할 뿐 아니라 갱신되고 변형되어야 하는 것이다.

인간 신체의 횡단성은 인간 주체 그리고 주체의 윤리 또한 횡단적이고 관계적인 것으로 만든다. 횡단적이고 관계적으로 파악된 주체는 "다수의 타자와 중요한 유대를 맺고 기술로 매개된 지구 행성 환경과 융합하는 주체"이며, 인간과 기술의 결합에 의해 발생한 "새로운 횡단적 복합체, 새로운 생태-지혜적eco-sophical 통일성"이다. 이런 주체가 형성되는 과정은 "도덕적 합리성, 단일하게 통일된 주체성, 초월적 의식, 타고난 보편적 도덕 가치 같은 개념들"과는 무관하다.[29] 기계-되기는 인간 신체의 변형을 통한 새로운 주체성의 양식, 포스트휴먼 주체성을 실험하는 일이다. 횡단적 관계들로 구성된 주체의 윤리는 이전과는 다를 것이다. 기계-되기가 보여주는 것은 인간이 도구로 사용하는 것처럼 보이는 기술적 존재자들이 실제로는 인간의 신체를, 나아가 인간 자신을 구성한다는 것이다. 그들은 마음대로 갖다

28 로지 브라이도티, 앞의 책, 120.
29 로지 브라이도티, 앞의 책, 121.

쓸 수 있는 도구나 환경, 조건 따위가 아니다. 그렇다면 더 이상 사용자로서의 권리나 의무는 문제가 될 수 없다. 문제는 사용이 아니라 **공동결정**codetermination을 모색하는 것이다. 권리와 의무로 맺어지는 사용자-도구 관계에서 공동결정을 요구하는 횡단성과 상호 의존 관계로 이행해야 하는 것이다. "권리의 도덕철학이 지속가능성의 윤리로 대체되면서 그만큼 인정recognition 개념이 **공동의존**codependence 개념으로 대체된다."[30] 장애인들은 자신들의 보철을 사용하기보다는 그것과 '타협'하고 '협상'함으로써 평균적이지도 비평균적이지도 않은 새로운 신체를 만들어 나간다. 기계-되기의 윤리란 그런 새로운 신체의 가치를 판단하고 선별하고 발명하는 일, 기계와 새로운 관계를 맺는 일이나 다름없다. 이런 관계 맺기는 분명히 '생태학적'이고, 그래서 브라이도티는 생기론적 윤리를 "주체의 여러 층을 내면에서 외면까지 그리고 그 사이의 모든 것을 횡단적으로" 가로지르기 위한 "일반 생태학" 또는 "생태지혜"eco-sophy로 묘사한다.[31]

30 로지 브라이도티, 앞의 책, 123.
31 로지 브라이도티, 앞의 책, 121.

포스트휴먼을 위한 윤리학: 조에-중심 평등주의와 책임의 문제

생기론적 유물론은 분명히 모종의 평등주의를 함축한다. 인간이건 비인간이건, 생물이건 무생물이건, 물질적 생기를 체현하고 있다는 점에서는 동등하다. 그래서 브라이도티는 자신의 입장을 **조에-중심 평등주의**zoe-centered egalitarianism로 명명한다. 조에-중심 평등주의야말로 포스트휴먼 주체성의 형식이자 포스트휴먼 윤리학의 기초라고 할 수 있다. 동물-되기, 지구-되기, 기계-되기는 동물, 지구, 기계의 조에와 인간의 조에가 여러 현실적인 차이에도 불구하고 잠재적으로는 동등하다는 전제 위에서만 가능하다. 존재 자체에 위계나 간극이 있다면, 어떻게 새로운 관계 맺기가 가능하겠는가? 조에-중심 평등주의는 범주와 영역들 사이의 공-구성, 횡단성, 공동결정, 상호의존interdependence을 통해 존재론적 차원에서 평등을 확립한다.

그러나 존재론적 평등성이 현실적인 권력과 책임의 격차를 지우지는 않는다. 브라이도티는 이를 명확하게 인지하고 있다. 지구-되기를 다루면서, 그녀는 제임스 러브록James Lovelock의 심층 생태학deep ecology이 소비 문화나 기술 문명으로부터 복구되어야 할 자연을 말하면서 다시 자연/문화의 이원론을 뒷문으로 들여온다고 비판한다. 게다가 심층 생태학은 "우리가 사는 이 세상을 고려할 때 그 자체로는 별 도움이 되지 않는" 기술 혐오를 부추길 뿐만 아니라 "환경 위기와 지구적 온난화/경보global warm/ning가 모든 심층 생태학은 생태 위기의 근본 원인을 자연을 인간의 욕망을 충족시키기 위한 자원이나 도구로만 파악하는 인간중심주의에서 찾는 생태학의 입장 또는 철학이다. 근본생태론(radical ecology)이라고도 한다. 심층 생태학은 인간을 비롯한 모든 생명체가 나름의 가치를 갖고 있으며, 인간 또한 자연의 일부이기에 그들의 가치를 훼손할 권리가 없다고 주장한다. 인간을 포함한 생태계를 전체론적인(holistic) 관점에서 이해하는 경향이 있다.

종을 비슷하게 취약한 상태로 환원시킨다는 인식"에 기반을 둔다는 점에서 더 문제적이다.[32] 말하자면 인간종과 비인간종을 무차별적으로 피해자화victimize하는 것이다. 마찬가지로 브라이도티는 어떤 문제가 전 지구적 규모로 일어나고 있다고 해서 그것을 '인류 전체의 문제'라는 식으로 얼버무리며 명백히 존재하는 격차를 간과해서는 안 된다는 점을 지적한다.

> 소위 '인류'humanity의 새로운 (부정적으로 연동된) 재구성을 인식한다고 해서, 성차화/인종화/자연화의 축들을 통해 여전히 행해지고 작동되는 모든 격차를 간과하거나 없던 것으로 만들어서는 안 된다. … 더 부유한 나라들과 더 가난한 나라들의 탄소 배출량의 차이를 고려한다면, 기후 변화의 위기를 '인간' 공통의 문제로 보는 것이 정말 공정한가? 더 나아가 이렇게 물어보자. **다른 모든 차이에도 불구하고** 인류에 대한 부정적인 형상화를 모든 인간에게 적용되는 단 하나의 범주로 인정하는 것은

32 로지 브라이도티, 앞의 책, 112-113.

위험한 일이 아닌가? 그 차이들이 정말로 존재하고 또 지속적으로 중요하다면, 우리는 그 차이들을 어떻게 해야 할까? 지구-되기의 과정은 지구 행성에 대해 질적으로 다른 관계를 지시한다.[33]

종 전체를 또는 인류 전체를 뒤덮는 거대한 위기가 있다고 해서 모든 종과 모든 인류가 그 위기에 동일한 정도로 노출되는 것은 아니다. 지구-되기는 행성적 규모의 문제들을 회피하지 않으면서도 기존의 중요한 인간학적, 역사적, 사회적 차이들을 지우지 않는 윤리와 정치를 요청한다. 포스트휴먼 주체성은 탈-인간중심주의라는 핑계로 행성적 차원에서 제기되는 윤리적, 정치적 책임을 회피하는 전략일 수 없다. 오히려 그것은 그 책임을 깨닫고 떠맡는 주체성이다. 이런 맥락에서 브라이도티는 포스트휴먼 주체의 책임을 말한다. "동물, 벌레, 식물과 환경, 즉 지구 행성과 우주 전체가 소환된다. 이런 상황은 우리 종에게 **다른 책임**을 지우는데, 우리 종이 혼란을 일으키는 주된 원인이기 때문이다. 우리의 지질학적 시대가 인류세로 알려져 있다는 사실은 안트로포스가 획득한 기술적으로 매개된 힘을 강조하고 동시에 그 힘이 다른 모든 존재에게 치명적인 결과를 가져올 잠재력이 있음을 강조한다."[34] 조에-중심 평등주의를 말한다고 해서 책임의

33 로지 브라이도티, 앞의 책, 115-116.

34 로지 브라이도티, 앞의 책, 88-89. 강조 추가. 여기서 브라이도티는 라투르와 강하게 공명한다. "근대화된 인류가 자신들의 수효와 불공정, 그리고 명백히 전 지구적인 팽창으로 다른 생명 형태들의 운명에 압박을 가하기 시작해 결국엔, 어떤 예측

평준화가 일어나지는 않는다. 왜냐하면 조에도 횡단성의 양상에 따라 그 종류와 정도에서 차이가 나기 때문이다. 모든 사람은 평등하지만 사람도 사람 나름이듯이, 모든 자연-문화 연속체는 조에를 발휘한다는 점에서는 평등하지만 같은 종류의 조에를 같은 정도로 발휘하지는 않는다. 이런 조에의 차이에 따라 여러 주체들의 영향력을 계산할 수 있으며, 책임을 차등적으로 분배할 수 있는 것이다.

브라이도티는 포스트휴먼 시대의 모순들에 가장 민감하고 진지하게 접근하는 신유물론자다. 지금이 어떤 세상인가? 동물의 질병이 곧 인간의 질병이 되고 동물 실험의 성공 여부에 곧 인류의 생존이 좌우되는 세상이다. 탄소 배출을 놓고 지구상의 거의 모든 국가들이 힘싸움을 벌이고, 이해하기도 어려운 메커니즘으로 작용하는 백신이 분자 수준에서 신체와 결합하는 그런 세상인 것이다. 브라이도티가 집요하게 물고 늘어지는 것은 바로 그런 세상, 그런 현실이다. 그녀가 얼마나 현란한 언어를 구사하고 심오한 사유를 전개하건, 그 모든 언어와 사유는 언제나 그녀

에 의하면 6차 대멸종의 주동자로까지 평가되는 바로 그 순간에 인간중심주의를 버리다니 그 무슨 회피란 말인가. 클라이브 해밀턴이 분개하듯, 지금은 이 인류가 제 다양한 형태의 현전으로 다른 모든 생명체에게 덧씌운 짐을 나 몰라라 할 순간이 분명코 아니다. '인류세'라는 용어를 비판하는 데에 아마도 타당한 이유가 있을 것이다. 그러나 반휴머니즘을 선택하는 것은 미리 도주하는 행위, 가령 아틀라스로 빗대 말하자면 제 무분별함 때문에 짊어지게 된 임무를 방기하는 또 다른 방식일 수 있음을 이해하고 본다면, 이 용어는 도달해야 할 목표를 정확히 강조하는 셈이다." (브뤼노 라투르, 《나는 어디에 있는가?: 코로나 사태와 격리가 지구생활자들에게 주는 교훈》, 김예령 옮김, 이음, 152-153.)

자신이 몸담고 있는 지금 여기의 문제들을 향해 있는 것이다. 실제로 브라이도티는《포스트휴먼》을 미국의 총기 난사 사건, 광우병, 드론을 통한 암살, 인문학의 위기를 보여주는 현실의 사례들로 시작한다. 포스트휴먼 조건은 지금 여기의 상황, 누구라도 처해 있을 수밖에 없는 현실의 조건인 것이다. 급변하는 현실에 밀착하여 사유를 전개하는 것은 신유물론 전반의 특징이지만, 브라이도티의 치열함과 집중력은 그중에서도 두드러진다.

뿐만 아니라 그녀는 이 압도적이고 혼란스러운 현실과 마주하면서도 주체의 문제를 놓지 않는다. 그녀는 왜 그토록 주체성을 강조하는가? 그것은 "주체성 이론이 우리 시대의 복잡함과 모순에 적합한 비판 도구를 정교하게 발전시키는 데 결정적으로 중요하기 때문이다. 단순히 분석적인 포스트휴먼 사유로는 충분히 멀리까지 나아갈 수 없다. 특히 창조성과 상상력, 욕망, 희망과 열망을 고려할 수 있으려면 주체에 대한 진지한 관심이 필요하다."[35] 넓은 의미의 포스트휴먼이란 이러한 현실, 주체, 윤리를 아우른다. 이처럼 브라이도티는 인간 조건이 와해되는 현실 속에서도 결코 비판과 주체를 놓지 않는다. 그녀는 작금의 현실에 효과적으로 개입할 수 있는 신유물론적 비판 이론을 실험하고 있는 것이다. 들뢰즈와 뤼스 이리가레Luce Irigaray 연구에서 시작하여 몸 페미니즘corporeal feminism을 거쳐 왔던 그녀의 지적 여정은 생기론적 유물론과 자연-문화 연속체에 기반을 둔

35 로지 브라이도티, 앞의 책, 70.

새로운 비판 이론으로 귀결된다. 이제 신유물론은 주체에 대한 사유가 없다느니 현실에 대한 윤리적, 정치적 고려를 찾아보기 힘들다느니 하는 불평을 들을 이유가 없다. 브라이도티가 있기 때문이다.

다섯 번째 대화

PP 아무리 그래도 신유물론에서 인간에 대한 이론은 찾아보기는 어려운 것 같아.
물질 얘기만 잔뜩 나오고 인간은 그 물질성의 일부로 간주되잖아.
또 그게 요점이라고 강조하기도 하고.
인간에 대한 얘기를 하지 않는 건 반쪽짜리 이론 아냐?

NH 일단 그 말 자체가 틀렸어. 브라이도티 같은 사람이 들으면 굉장히 섭섭해 할 거야.
내가 저런 소리 들으려고 그 고생을 했나 싶겠지.
존재론과 형이상학을 얘기할 때는 당연히 물질 중심으로 얘기를 하지.
그게 요점이고 핵심이니까. 그런데 그건 그거고, 인간을 얘기하지 않는다는 건 어불성설이지.
인간은 신체를 가진 이상 어쨌든 물질적 존재잖아.
그런데 신유물론이 물질 일반에 대해서 전개되는 형이상학이라면,
인간은 당연히 그 범위 안에 들어가는 거지.
그러니까 인간이 인간-물질로서 다른 물질들과 기본적으로 동등하게 다루어지는 건 맞아.
그러면 인간에 대해서 아무 얘기도 못하나? 그렇진 않지.
그저 이제까지와는 다른 방식으로 접근해야 할 당위가 생길 뿐이야.

PP 봐도 그런 얘기는 없던데? 그런 게 어디에 나와?

NH 비판적 포스트휴머니즘에서 나와.
신유물론이 인간의 얼굴을 어떻게 그리고 있는지를 알고 싶으면
신유물론을 토대로 작업하는 포스트휴머니스트들을 참조해야 해.
물론 신유물론과 포스트휴머니즘의 관계가 그리 단순하지는 않아.
가령 데란다 같은 경우 포스트휴먼을 '멍청한 말'이라며 일축하는 모습을 보이기도 했어.
하지만 그를 제외한 대부분의 신유물론자들은 어떤 식으로는
포스트휴먼 논의와 직간접적인 관계를 맺고 있어.
그리고 사실 신유물론자들도 강조하지 않아서 그렇지 인간에 대한 얘기를 조금씩은 다 해.
가령 인간에 대한 베넷의 논의들은 신유물론과 포스트휴머니즘이
어떻게 연계될 수 있는지를 잘 보여주고 있어.
하지만 가장 중요한 인물은 아무래도 브라이도티지.
그녀에게서는 어쨌든 인간을 다루어야만 한다는 어떤 절박함마저 읽혀지거든.
가장 구체적이고 현실적이기도 하고.

PP 그렇다면 포스트휴머니즘 자체가 어쩌면 신유물론의 인간학이라고 할 수도 있겠네.

NH 나는 그렇게 생각해. 혹은 그럴 수 있다고 보고.

6장 캐런 바라드: 현상-내-수행성

물의를 빚는 원자들: 누가 누구를 창조하는가?

1989년 IBM 소속으로 나노기술 개발에 몰두하던 물리학자 돈 아이글러Don Eigler와 그의 팀은 주사터널링현미경scanning tunneling microscope, STM을 통해 35개의 제논Xenon 원자들을 IBM 로고 형태로 배열하는 데 성공했다. 그런데 이 'IBM 원자들'이 만들어지기도 전에 '제논 원자들로 IBM 로고를 썼다'라고 유의미하게 말할 수 있을까? 그럴 수는 없다. 원자들이 IBM 로고 형태로 배열되었을 때에만 저 진술을 의미 있게 사용할 수 있는 것이다. 그런데 그 반대도 마찬가지다. 저 진술을 의미 있게 사용할 수 있다는 것은 곧 원자들이 IBM 로고 형태로 재배열되었음을 의미한다. 어떤 진술이 유의미하게 발화되도록 만든다는 점에서, IBM 원자들은 **물의物議를 빚는 신체들bodies that matter**이라고 할 수 있다.[1] 이렇게 IBM 원자들의 물질화와 그로 인해 빚어진 물의는 서로가 서로를 함축한다. 물질적이게-되기becoming-material 속에서 의미 있게-되기

1 동사로서 'matter' 또는 동명사 'mattering'의 번역인 '물의 빚기'라는 표현에 대해서는 이지선, 〈물질과 의미의 물의 빚기: 캐런 버라드의 행위적 실재론에 관한 예비적 고찰〉, 《시대와 철학》, 32권, 1호, 2021, 241~243 그리고 238, 주석 9를 참조하라.

becoming-meaningful가 싹트고, 의미 있게-되기는 언제나 물질적이게-되기 속에 뿌리내리고 있는 것이다.

그뿐만이 아니다. IBM 원자들과 IBM의 창조자는 언제, 어떻게 존재하게 되는 것일까? 제논 원자들이 IBM 로고 형태로 배열되기 전까지는 IBM 원자라고 할 것이 따로 없고, 따라서 아이글러도 IBM 원자들의 창조자일 수 없다. IBM 원자들이 완성되면, 그때야 비로소 아이글러는 IBM 원자들의 창조자가 되고 IBM 원자들은 아이글러의 피조물이 되는 것이다. 창조자는 피조물을 창조하지만 그 창조자를 창조하는 건 피조물이다. 조작하는 것과 조작되는 것, 창조자와 피조물은 이처럼 하나의 상황 속에서 '오려져 나온다.'

아마도 캐런 바라드라면 IBM 원자들의 사례가 물질이 어떻게 물의를 빚게 되는지how matter comes to matter를 보여준다고 할 것이다. 그녀는 물질과 의미는 서로가 서로를 함축하는 상호 함축mutual entailment 관계에 있다고 주장한다. IBM 원자들과 같은 '사물'들은 물질과 의미의 분리 불가능성으로부터 생산된다. 창조자와 피조물, 관찰하는 것과 관찰되는 것, 주체와 대상, 인간과 비인간 사이의 고정된 경계는 애당초 존재하지 않는다. 경계는 다양한 실천들을 통해 언제나 다시 그어질 따름이다. 인간의 언어와 사유, 개념은 세계를 거울처럼 비추지 않는다. 그들은 모두 비결정적인 상황 속에서 실천을 통해 오려져 나올 따름이다. 물질이란 끊임없이 배치되고 재배치되면서 신체들을 오려내는 과정, 실천, 행위성이다. 버틀러가 젠더를 수행성의 문제로 보았듯이, 바라드는 모든 것을 의미와 분리 불가능한 **물질 수행성**

material performativity의 문제로 본다. 바라드의 **행위적 실재론** agential realism이 수행적 신유물론performative new materialism으로 불리는 것은 이 때문이다.

행위적 실재론: 태초에 현상이 있었다

행위적 실재론에서 가장 핵심적인 개념은 **현상**phenomena이다. 그것은 "일차적인 존재론적 단위"로서 "실재에 대해 구성적이다."[2] 그러나 바라드가 말하는 현상은 칸트가 예지계noumena와 구별한 현상계와도, 후설의 현상학과도 무관하다. 그녀가 현상 개념을 가져온 것은 물리학자 닐스 보어Niels Bohr다. 격자 게이지 이론lattice gage theory을 전공한 양자물리학자인 바라드는 행위적 실재론의 주요 개념과 논리를 보어의 철학-물리학philosophy-physics에 빚지고 있는데, 그중에서도 가장 중요한 것이 바로 현상이다.[3]

2 Karen Barad, *Meeting the Universe Halfway: Quantum Physics and The Entanglement of Matter and Meaning,* Duke University Press, 2007, 333-338.

3 '철학-물리학'은 보어에게 철학과 물리학이 둘이 아니라 하나였음을 나타내기 위해 바라드가 만든 용어다. (Karen Barad, *ibid.*, 24.) 바라드는 보어의 철학-물리학의 요점들을 다음과 같이 요약한다. "보어는 다음과 같은 것들에 초점을 두어 숙고했다. (1) 기술적 개념이 물질적 장치와 연결되는 지점들. (2) "관찰 대상"과 "관찰 행위의 주체"의 분리 가능성. (3) "관찰 대상"과 "관찰 행위의 주체"가 특정한 물질적 개념적 인식적 실천 내부에서 출현하면서 서로를 공동으로 구성한다는 점. (4) 물질적 개념적 배제가 상호의존적이라는 점. (5) 객관적 지식의 물질적 조건.

현상이란 무엇인가? 그것은 "내부-작용하는 '행위성들'의 존재론적 분리 불가능성"으로서, "존재론적 얽힘ontological entanglement"이자 "존재론적으로 원초적인 관계들, 미리 존재하는 관계항 없는 관계들"이다.[4] 현상을 구성하는 것은 사물이 아니라 행위성이며 있음being이 아니라 함doing이다. 현상은 "세계 생성의 특정한 물질적 배치" 또는 "세계의 특정한 물질적 수행들"로서 본질적으로 물질적이다.[5] 그것은 본래 본질적으로 결정된 내부의 경계가 애당초 존재하지 않는다는 점에서 비결정적이다. 현상을 분할하고 오려내는 경계들은 **내부-작용**intra-action을 통해 그어지고 다시 그어질 뿐이다. 행위성들의 내부-작용뿐만 아니라 그 내부-작용의 결과 또한 현상이다. 대상이나 속성들은 내부-작용을 통해 현상으로부터 오려져 나오지만, 그렇다고 그들의 분리 불가능성과 행위성이 사라지지는 않는다.[6] 오려내는 것들이

(6) 인과관계 개념의 재공식화. 보어의 인식틀, 특히 그 틀을 보다 더 일반화하여 만들어 낸 나의 행위적 실재론은 과학 실천의 성격을 이해하는 강력한 도구가 된다."(캐런 바라드, 〈행위적 실재론: 과학 실천 이해에 대한 여성주의적 개입〉, 박미선 옮김, 《문화과학》, 57호, 2009, 70.)

4 Karen Barad, *ibid.*, 333.

5 Karen Barad, *ibid.*, 91, 335.

6 "우리는 이러한 측정에 의해 얽힘이 명시적으로 나타나지 않는다는 사실로부터 얽힘이 존재론적으로 "풀렸다"는 결론을 내려서는 안 된다. **행위적 절단은 현상을 독립적인 하위 체계들로 풀어 버리지 않는다.** 어쨌든, 애초에 신체들에 남겨진 특정한 표지들을 분명하게 드러낸 것은 그들의 내부-작용(그들의 분리 불가능성)이었다. 즉 행위적 절단은 그것이 실행하는 "국소적" 결정을 통해, 얽힘을 파괴하지 않은 채 문제의 속성에 결정된 값들을 부여하며, 이에 따라 혼합(mixtures)을 통한 기술을 가능하게 한다."(Karen Barad, *ibid.*, 348.)

현상이듯이 오려져 나오는 것들 또한 여전히 현상인 것이다. 기본 입자부터 자갈, 딱정벌레, 불가사리, 핵폭탄, 인간, 국가, 지구, 우주 모두가 현상이다. 분리 불가능하게 내부-작용하면서 모든 것을 만들어 내는 행위성들, 그것이 현상인 것이다.

현상이 행위적 실재론에서 가장 중요한 개념이라면 내부-작용은 그 현상의 모든 것이라고 해도 과언이 아니다. 내부-작용은 현상을 구성하는 행위성들의 작용 방식이다. 그것은 "인간이 관여할 수도 있고 관여하지 않을 수도 있는 특정한 물질적 실행"으로서 인간과 비인간을 가리지 않고 모든 것을 만들어 낸다.[7] 상호작용interaction은 사물이나 속성들 사이에서 일어나지만, 내부-작용은 다양한 행위성과 실천들의 배치 속에서 일어난다. 내부-작용은 유사하게 또는 차이 나게 끊임없이 계속된다. 경계 지어진 사물이나 속성은 내부-작용이 안정적으로 반복되면서 '침전'된 결과다. 되풀이되는 내부-작용을 통해 어떤 행위성들은 '사물'로 견고하게 '다져지는' 반면, 나머지는 그 사물이 아닌 것으로 배제된다. 내부-작용이 이렇게 침전되고 다져지기 위해서는 전체 행위성들이 따로 놀아서는 안 된다. 공장의 생산 절차들이 따로 놀지 않고 하나로 맞물려 돌아가야 제품이 만들어질 수 있듯이, 행위성들이 분리 불가능하게 수행되어야 특정한 경계를 가진 사물이나 속성이 오려져 나올 수 있는 것이다.

7 Karen Barad, *ibid.*, 171.

내부-작용은 종종 **물질-담론적 실천들**material-discursive practices로 불리기도 한다.[8] 하지만 내부-작용을 서로 별개로 존재하는 물질적 실천과 담론적 실천의 접합으로 생각해서는 안 된다. 바라드는 담론적 실천을 언어 행위speech act나 언어적 표상으로 보지 않는다. 그녀가 말하는 담론적 실천이란 오히려 말하기, 쓰기, 생각하기, 셈하기 등 언어와 인식을 가능하게 하면서 동시에 제약하는 사회적이고 역사적이며 **물질적인** 조건들이다. 그것은 "세계의 특정한 물질적 (재)배치"로서 "그것을 통해 경계들, 속성들, 그리고 의미들이 차이 나게 실행된다enacted."[9] 물질 또한 언제나 담론적인데, 이는 경계지어진 물질적 대상의 생산에 사회적이고 담론적인 차원이 항상 구성적으로 개입하기 때문이다. 흥미롭게도 바라드는 물질의 담론적, 사회적 구성을 보여주는 사례로 스핀의 양자화를 규명한 슈테른-게를라흐Stern-Gerlach experiment 실험을 든다. 이 실험에서 슈테른Otto Stern이 피운 싸구려 시가가 중요한 역할을 했다는 것은 널리 알려진 사실이다.[10]

8 Karen Barad, *ibid.*, 91, 335. 바라드는 '물질-담론적'이라는 표현을 다음과 같이 설명한다. "'물질-담론적'이라는 용어는 물질적인 것과 담론적인 것(물질적인 것에 대한 분석)의 분리 불가능성을 지칭한다. 나는 '담론'을 푸코적 의미에서 이해한다. 즉, 권력의 생산적 차원을 강조하는 담론적 실천으로서 말이다. '물질적'은 물리적, 생물학적, 테크놀로지적, 경제적, 기타 가능한 함축 의미를 포함하며 다양한 많은 함축 의미를 지닌다." (캐런 바라드, 앞의 논문, 67.)

9 Karen Barad, *ibid.*, 335.

10 실험 당시 슈테른과 게를라흐의 원래 계획은 검출판에 남겨진 은원자의 흔적을 분석하는 것이었다. 그러나 실험이 끝난 후 검출판에는 어떤 흔적도 남지 않았다. 그런데 당시 슈테른이 피우던 싸구려 시가에서 나온 연기가 검출판에 닿자 시가 연

싸구려 시가가 실험실에서 그러한 역할을 하게 된 것에는 슈테른이 남성이라는 점, 그리고 그가 형편이 그리 넉넉지 않은 과학자였다는 점이 결정적으로 작용했을 것이다. 당대에 싸구려 시가를 피운다는 젠더적이며 계급적인 수행성이 과학 실험의 결과가 물질화되는 데 구성적으로 관여한 것이다.[11] 이처럼 물질-담론적 실천은 물질과 담론의 우연적이고 외적인 접합이 아니라 분리 불가능한 얽힘으로 간주되어야 한다.[12]

바라드의 현상 개념에 크게 영향을 미친 것은 하이젠베르크Werner Heisenberg에 대한 보어의 비판이다.[13] 주지하다시피 하이젠베르크는 입자의 운동량과 위치를 동시에 정확하게 측정할 수 없다는 불확정성 원리the uncertainty principle를 발견한 바 있다. 그런데 하이젠베르크는 이러한 동시 측정의 불가능성을 인식적 불가능성으로 해석했다. 전자의 운동량과 위치는 측정 이전에도 존재하고 있지만 하나를 측정할 조건이 다른 하나를 측정할

기에 함유된 황 성분으로 인해 황화은이 생성되면서 검출판에 검은 흔적이 생겨났고, 결국 실험은 성공했다. 이처럼 슈테른-게를라흐 실험의 성공에는 당시의 값싼 시가에는 황이 많이 포함되어 있었다는 점, 젊은 물리학자의 경제적 지위로는 비싼 시가를 피우기가 부담스러웠다는 점, 시가를 피우는 젠더는 주로 남성이었다는 점 등이 종합적으로 작용했다.

11 Karen Barad, *ibid.*, 161-168.

12 "요점은 단지 담론적 요인들에 더하여 중요한 물질적 요인들이 있다는 것이 아니다. 오히려 문제는 제약들, 조건들, 그리고 실천들의 융합적인 물질-담론적 본성이다. 물질적이고 담론적인 제약과 배제가 서로 얽혀 있다는 사실은 물질적이거나 담론적인 요인들의 개별적 효과를 결정하려는 분석들의 타당성이 제한적임을 시사한다." (Karen Barad, *ibid.*, 152.)

13 Karen Barad, *ibid.*, 115-119.

조건을 '간섭'하기 때문에 둘을 동시에 정확하게 '알 수 없다'고 본 것이다. 이에 대해 보어는 측정 이전에 운동량이나 위치와 같은 속성이나 전자라는 대상이 이미 독립적으로 존재하고 있다고 가정할 어떤 근거도 없다는 사실을 지적한다. 보어가 보기에 경계를 가진 대상과 속성들은 측정 이전에 존재하는 것이 아니라 오히려 측정과 함께, 측정에 의해 결정되는 것이었다. 그렇다면 운동량과 위치를 동시에 측정할 수 없는 이유도 다른 데서 찾아져야 한다. 그들을 동시에 측정할 수 없는 이유는 한쪽을 측정할 조건과 다른 쪽을 측정할 조건 사이에 간섭이 일어나기 때문이 아니라, 하나를 결정하는 실험 조건의 특정한 배치가 다른 하나를 결정하는 실험 조건의 특정한 배치와 물리적으로 양립할 수 없기 때문이다. 운동량과 위치와 같이 서로 상보성complementarity을 띠는 속성들은 동시에 알 수 없는 게 아니라 동시에 있을 수 없는 것이다. 바라드에 따르면, 보어가 보기에 문제는 인식론적 불확실성이 아니라 **존재론적 비결정성**ontological indeterminacy이었다. 실험 조건들의 특정한 배치 속에서 측정이 이루어지고 난 뒤에야 운동량 또는 위치라는 결정된 속성들 그리고 전자라는 개별화된 대상이 존재하게 되는 것이다.

바라드는 보어의 상보성 해석으로부터 새로운 실재론을 위한 단초들을 읽어 낸다. 보어에게 중요한 것은 대상이나 속성을 어떻게 정확하게 측정할 것인지가 아니라 상황 전체로부터 그들이 어떻게 결정되는지였다. 실험 조건의 특정한 배치를 통해 측정이 일어난 뒤에야 결정된 "관찰의 대상"objects of observation 그리고

"관찰의 행위자들"agencies of observation이 존재하게 된다. 이런 의미에서 실험 조건의 특정한 배치는 "관찰의 대상"과 "관찰의 행위자들"을 구성 또는 생산한다고 할 수 있다. 따라서 이들 중 하나를 이해하고 기술하기 위해서는 나머지 둘을 이해하고 기술해야만 한다. 바라드에 따르면 보어가 말하는 "현상"이란 이런 "양자 전체성"quantum wholeness의 사례들을 가리킨다.[14] 말하자면 측정은 비결정적인 현상의 존재론적 애매성을 해소하는 행위라 할 수 있는데, 이로부터 내부-작용을 떠올리는 것은 그리 어렵지 않다. "그러므로, 측정은 인과적 내부-작용이며, 물리적 과정인 것이다."[15] 이처럼 행위적 실재론의 핵심 개념들은 대부분 보어의 철학-물리학에 뿌리를 두고 있다.

보어에 대한 독해를 바탕으로 바라드는 행위적 실재론을 더욱 세련화한다. 그녀는 대상이나 속성들의 경계를 정하는 내부-작용을 **행위적 절단**agential cut이라고 부른다. 행위적 절단은 선험적으로 주어진 구별이 아니라 매 순간 행위적으로 실행되는 구분이다. 내부-작용은 끝없이 계속되므로 행위적 절단 또한 계속된다. 그렇다면 무엇이 행위적 절단을 실행하는 것일까? 바라드는 행위적 절단을 실행하는 행위성 또는 실천들을 **장치**apparatus라고 부른다. 바라드가 말하는 장치는 흔히 생각하는 것과는 달리

14 Karen Barad, *ibid.*, 196.

15 Karen Barad, *ibid.*, 337.

기입 장치는 라투르가 자신의 대표작 《실험실 생활》에서 제시한 개념이다. 라투르에 따르면, 실제 과학자들의 작업은 물질과 기입 장치에 의해 이루어진다. 실험의 과정과 결과를 논문이나 보고서 등의 과학 문헌에 시각적으로 표시하기 위해서는 인간 기술자와 과학자는 물론 실험에 개입하는 기계와 기구들이 적절하게 결합해야 하는데, 이러한 인간-비인간 네트워크를 기입 장치라고 할 수 있다. 실험이 진행될수록 기입은 확실해지고 공고해지며 최종적으로 새로운 결과가 인정받게 된다. 이런 의미에서 실험실은 문헌적 기입이 이루어지는 공장과 같다고 할 수 있다.

이데올로기적 국가장치란 프랑스 철학자 루이 알튀세르가 마르크스주의 국가 이론을 발전시키면서 제시한 개념이다. 마르크스주의에서 말하는 국가장치는 정부, 내각, 군대, 경찰, 재판소, 감옥 등에서 볼 수 있듯이 궁극적으로 물리적 폭력에 의해 기능한다. 이런 국가장치들을 억압적 국가장치라고 할 수 있을 것이다. 반면에 알튀세르가 말하는 이데올로기적 국가장치는 이데올로기에 의해 기능한다. 이데올로기적 국가장치는 폭력이나 억압이 아니라 이데올로기를 통해 자본주의 체제를 '자발적으로' 수용하도록 한다. 이데올로기적 국가장치의 사례로는 교회, 학교, 가족, 법률, 정당, 각종 조합, 방송과 언론, 예술과 스포츠 등이 있다. 이처럼 대부분의 이데올로기적 국가장치들은 억압적 국가장치와는 달리 의도적으로 국가를 위해 설치된 장치가 아니지만 그럼에도 불구하고 자본주의 이데올로기에 효과적으로 복무한다.

고정된 사물이나 구조가 아니다. 그것은 알튀세르가 말하는 이데올로기적 국가장치ideological state apparatus도, 라투르가 말하는 기입 장치inscription device도 아니다. 바라드가 말하는 장치는 해러웨이가 지식의 대상을 분석하기 위해 제시한 신체적 생산

bodily production의 장치 개념과 유사하다.[16] 그것은 역동적이고 특정한 물질-담론적 (재)배치로서 "재배열, 재분절, 재가공에 지속적으로 열려 있는 실천들에 의해 구성"된다.[17] 장치는 정의상 현상이다. 인간 없이도 내부-작용은 얼마든지 가능하듯이 장치 또한 인간 없이 성립할 수 있다.[18] 장치는 현상을 생산한다. 장치는 "차이 나는 생성 중에 있는 물질적 현상을 생산"하며 "현상은 신체적 생산의 다중적 장치들에 관여하는 특정한 인과적 내부-

16 Donna Haraway, "Situated Knowledges: The Science Question in Feminism and the Privilege of Partial Perspective", *Feminist Studies*, vol. 14, no. 3, 1988, 591-596.

17 Karen Barad, *ibid*., 203. 바라드는 담론적 실천과 비담론적 실천의 관계와 관련하여 푸코의 장치(dispositif) 개념이 자신의 장치 개념과 가장 유사하다고 인정하면서도, 그것이 결국 "말해진 것과 말해지지 않은 것"의 관계에 대한 적극적 설명을 결여하고 있다고 본다. (Karen Barad, *ibid*., 63.) 푸코는 자신의 장치 개념에 대해 다음과 같이 말한다. "이 [장치라는] 이름으로 제가 포착하고자 한 것은 담론, 제도, 건축상의 정비, 법규에 관한 결정, 법, 행정상의 조치, 과학적 언표, 철학적·도덕적·박애적 명제를 포함하는 확연히 이질적인 집합입니다. 요컨대 말해진 것이든 말해지지 않은 것이든, 이것이 장치의 요소들입니다. 장치 자체는 이런 요소들 사이에서 세워지는 네트워크입니다. … 저는 장치가 본성상 전략적인 것이라고 말했습니다만, 이것에 의해 전제되는 것은 장치가 힘관계에 대한 어떤 조작이며, 그런 힘관계에 대한 합리적·계획적 개입이라는 것입니다. 이렇게 개입하는 까닭은 힘관계를 특정한 방향으로 발전시키거나 봉쇄하거나, 힘관계를 안정시켜 사용하기 위해서입니다. 따라서 장치는 늘 권력의 게임에 기입되어 있을 뿐만 아니라 거기서 생겨나고 또 그것을 조건 짓기도 하는 지식의 한 가지 또는 여러 제한과 연결됩니다. 지식의 여러 유형을 지탱하고, 또 그것에 의해 지탱되는 힘관계의 전략들, 바로 이것이 장치입니다." 조르조 아감벤, 《장치란 무엇인가?: 장치학을 위한 시론》, 양찰렬 옮김, 난장, 2010, 33.

18 장치는 비인간으로 구성된 인간의 도구가 아니다. 오히려 인간과 비인간 모두가 장치의 산물이다. 이에 대해서는 Karen Barad, *ibid*., 171-172를 참조하라.

작용들을 통해 생산"되는 것이다.[19] 장치는 현상을 그 내부로부터 행위적으로 절단하며, 그러한 절단을 통해 새롭게 분절된 현상이 생산된다. 현상은 장치를 통해 자기 자신을 늘 새롭게 오려내고 있는 셈이다. 그것은 언제나 스스로를 조각하고 있다.[20]

행위적 실재론에 따르면 물질은 **역동적인 내부-활동적 생성** **dynamic intra-active becoming**이다. 그것은 행위성의 응결congealing of agency, 즉 "반복적인 내부-활동의 안정화하고 탈안정화하는 과정"이다.[21] 물질은 잠시도 가만히 있질 못한다. 물질은 행위하고, 내부-작용하며, 관계적이고, 동적이다. 한마디로 말해 **물질은 현상적이다Matter is phenomenal**. "물질"은 언제나 물질화를 진행 중인 현상을 지시한다."[22] 행위적 실재론에서 수행성은 반복적인 내부-활동으로 이해된다. 버틀러의 수행성은 젠더를 구성하지만

19 Karen Barad, *ibid.*, 169-170. 이외에도 바라드는 곳곳에서 장치 자체가 현상이며 또한 현상을 생산한다는 점을 반복해서 강조한다.

20 바라드는 장치의 특성을 다음과 같이 요약한다. "(1) 장치들은 특정한 물질-담론적 실천들이다(그들은 그저 인간의 개념들을 체현하고 측정을 담당하는 실험실 설비에 불과한 것이 아니다). (2) 장치들은 물의를 빚는 차이들을 생산한다. 그들은 경계-짓는 실천들로서 물질과 의미를 형성하고, 현상을 생산하며, 그 생산된 현상의 일부이다. (3) 장치들은 세계의 물질적 배치들/역동적 재배치들이다. (4) 장치들은 그 자체로 (세계의 진행 중인 내부-활동의 일부로 구성되며 또한 역동적으로 재구성되는) 현상이다. (5) 장치들은 본래적인 경계를 갖지 않는 열린 실천들이다. 그리고 (6) 장치들은 세계 안에 위치해 있지 않다. 그들은 공간성과 시간성은 물론 (전통적 개념의) 동역학을 (재)배치하는 세계의 물질적 배치와 재배치들이다(다시 말해, 그들은 정적인 구조로 존재하지도, 그저 시간과 공간 속에서 펼쳐지거나 진화하지도 않는다)." (Karen Barad, *ibid.*, 146.)

21 Karen Barad, *ibid.*, 336.

22 Karen Barad, *ibid.*, 151.

바라드의 수행성은 젠더는 물론 인간의 신체, 비인간 신체들, 나아가 세계 그 자체를 생산하고 있다. 젠더 수행성은 물질 수행성으로 일반화된다. 현존재Dasein의 존재 방식은 세계-내-존재being-in-the-world이지만, 물질의 존재 방식은 현상-내-수행performing-in-the-phenomena인 것이다. 물질은 수행적일 뿐 아니라 **생성적generative**이다. 그것은 끊임없이 새로운 사물과 속성들을 오려내고 새로운 신체들을 생산하면서 세계를 갱신하고 있다. 요점은 이 모든 것이 물질적인 것 내부에서 이루어진다는 것이다. 그 어떤 물질 외부의 요인도 물질의 내부-작용에 개입하지 않는다. 행위적 실재론에서 물질은 그야말로 능동적이고, 생기 있으며, 창조적이다.[23] "내부-활동의 역동성은 자신의 물질화를 진행 중인 능동적 "행위자"로서의 물질을 함축한다."[24] 행위적 실재론의 중심에는 스스로 힘써 행하는 물질, 신유물론의 핵심인 새로운 물질성이 있다.

바라드가 강조하는 담론적 실천의 물질성은 현상이 물질성과 담론성을 횡단하고 있음을 보여준다. 행위적 실재론이 말하는

23 바라드는 내부-작용의 "살아 있음/활기참(aliveness/liveliness)"을 말하면서도, 행위적 실재론을 "새로운 형태의 생기론" 즉 생기론적 유물론과는 차별화하려고 한다. (Karen Barad, *ibid.*, 177.) 아마도 생기론적 유물론이 물질적 생기라는 힘을 강조하는 데 비해 행위적 실재론에서는 내부-작용이나 행위, 수행성 자체를 원초적인 것으로 보기 때문인 것 같다. 행위적 유물론의 살아 있음/활기참과 생기론적 유물론의 물질적 생기를 비교하는 작업은 신유물론 연구에 큰 활력을 불어넣을 수 있을 것이다.

24 Karen Barad, *ibid.*, 151. 바라드는 틈만 나면 행위자로서의 물질을 강조한다. Karen Barad, *ibid.*, 137, 170, 177-178, 180.

담론적 실천은 한 담론을 가능한 것으로 허용하면서 동시에 다른 담론들을 불가능한 것으로 배제하는 물질적 (재)배치다. 그것은 담론의 가능성의 조건이자 동시에 불가능성의 조건이다. 담론은 물질화의 효과고 물질화는 담론의 (불)가능성의 조건인 것이다. 이를 바라드는 다음과 같이 설명한다.

> 물질성은 담론적이다. … 담론적 실천들이 언제나 이미 물질적인 것과 (다시 말해, 그들이 세계의 진행 중인 물질적 [재]배치인 것과) 꼭 마찬가지로 말이다. 담론적 실천과 물질적 현상은 서로 외부성의 관계에 있지 않다. 오히려, **물질적인 것과 담론적인 것은 내부-활동의 역동성 속에서 서로에게 함축되어implicated 있다.** 물질적인 것과 담론적인 것의 관계는 상호 함축의 관계인 것이다. 담론적 실천도 물질적 현상도 존재론적으로 또는 인식론적으로 우선하지 않는다. 양쪽 모두 다른 쪽을 통해 설명될 수 없다. 양쪽 모두 다른 쪽으로 환원될 수 없다. 양쪽 모두 다른 쪽을 결정하는 데 특권적 지위를 갖지 않는다. 양쪽 모두 다른 쪽이 없을 경우 분절되지 않으며 분절될 수도 없다. 물질과 의미는 서로에 의해 분절된다.[25]

현상은 순전히 물질적일 수도, 순전히 담론적일 수도 없다. 현상은 본성상 물질적이지만 동시에 언제나 특정한 담론을

25 Karen Barad, *ibid.*, 151-152.

동반한다는 점에서 담론적이기도 하다. 반대로 현상은 항상 특정한 담론을 포함하지만 세계의 물질적 (재)배치라는 점에서 물질적이다. 물질적 실천은 언제나 담론을 가능하게 하는 동시에 제약하고, 담론적 실천은 언제나 물질을 배치 또는 재배치한다. 내부-작용은 물질과 담론을 언제나 동시에 생산하는 것이다. 이런 물질-담론적 실천 개념은 해러웨이의 물질-기호적 행위자 개념을 푸코의 담론 개념과 보어의 철학-물리학을 통해 변형시킨 것으로 볼 수 있다.[26] 바라드는 물질-담론적 실천의 과정을 **물의 빚기**mattering라고 부른다. '물의 빚기'라는 말은 물질, 즉 현상이 본질적으로 행위성이나 실천, 수행성으로 구성된다는 점뿐만 아니라, 현상이 물질과 담론의 사이에 걸쳐 있을 수밖에 없다는 점, 즉 횡단적이라는 점을 분명하게 드러낸다. 물의를 빚는 것은 물질과 의미를 통일하지만, 그렇다고 그들이 한데 어우러져서 한 덩어리가 되지는 않는다. 현상은 통일적이지만 총체적이지는 않은 것이다. 그것은 물질과 의미를 가로지르고 있을 따름이다.

26 Donna Haraway, *ibid.*, 595.

표상 없는 실재론: 실재로서의 현상

행위적 실재론은 분명히 실재론이지만 기존의 실재론과는 다른 기묘한 실재론이다. 실재론과 반실재론 간의 논쟁은 대부분 인간의 언어적, 정신적 표상이 인간의 언어와 정신으로부터 독립적인 대상이나 속성, 사실에 대한 것이라고 정당하게 말해질 수 있는지를 중심으로 이루어진다. 이 논쟁에는 주체가 언어나 사유를 통해 자신과 본질적으로 무관한 대상을 표상한다는 생각이 깔려 있다. 주객 구분이 이미 주어졌다고 전제한 채 객관적 표상의 성공 여부를 따지고 있는 것이다. 이 점에서 실재론과 반실재론의 논쟁은 주체와 객체가 각자 독립적인 개별 실체로 성립한다는 **형이상학적 개체주의**metaphysical individualism를 전제한 표상주의 내부의 집안 싸움에 가깝다. 행위적 실재론이 표상주의를 받아들일 수 없다는 것은 명백하다. 표상주의가 전제하는 주체와 대상, 아는 것과 알려지는 것, 관찰하는 것과 관찰되는 것 사이의 본질적이고 고정적인 구별, 즉 '데카르트적 절단'Cartesian cut이 성립하지 않는다는 것이야말로 행위적 실재론의 요점이기 때문이다.[27] 바라드는 다시 보어의 철학-물리학의 도움을 받아

27 바라드는 실재론과 사회구성주의의 대립도 결국 데카르트적 절단 때문이라고 본다. "실재론과 사회구성주의의 이분법적 입장은—주체/대상의 이분법을 미리 전제하는데—이원론의 두 틀 중에서 오로지 한편만의 정황적, 구성된 성격을 인정한다. 실재론자들은 주체가 물질적으로 정황적이라는 점을 부인하지 않는다. 구성주

표상주의 자체를 거부함으로써 실재론과 반실재론의 교착 상태에서 벗어나려 한다. 그녀는 보어가 "형이상학적 실재론자도 과학적 실재론자도 아니"지만 그럼에도 불구하고 여전히 실재론자일 수 있다고 주장한다.[28] 보어를 따라, 행위적 실재론은 반표상주의의 바탕 위에서 새로운 실재론을 모색한다.

그러나 표상주의의 거부가 그 자체로 실재론의 승인을 함축하지는 않는다. 행위적 실재론은 어떤 의미에서 실재론일 수 있을까? 반표상주의와 관련하여 바라드가 주요하게 참조하는 것은 이언 해킹Ian Hacking이 제시한 개입주의적interventionist 형태의 과학적 실재론이다. 해킹은 과학적 실재론을 이론 실재론theory realism과 대상 실재론entity realism으로 나눈다. 이론 실재론에서는 통상적으로 해당 이론이 얼마나 많은 데이터를 통합적으로 설명하는지 그리고 얼마나 많은 참신하면서도 테스트가 가능한 예측들을 내놓는지가 실재성 유무를 결정한다. 통합적 설명과 참신한 예측이 이론적 존재자들의 실재성을 따지는 기준이 되는 것이다. 반면에 대상 실재론에서는 어떤 대상을 실천적으로 조작하여 특정 결과를 산출할 수 있다는 사실이 그 대상이 실재한다고 믿을 만한 좋은 이유가 된다고 본다. 개입을 통한 조작가능성manipulability 또는 인과력causal power이 대상의 실재성을 결정하는

의자들은 대상이 사회적으로 혹은 담론적으로 구성된다는 점을 강조한다. 양편 모두 주체와 대상이 상호적으로 서로를 구성하는 내부에서의 상호작용을 인식하지 못한다."(캐런 바라드, 앞의 논문, 66.)

28 Karen Barad, *ibid.*, 317–318.

기준이 되는 것이다. 해킹의 통찰은 실험 도구나 설비, 즉 실험 '장치'를 실제로 조작함으로써 실험을 성공시키고 결과를 얻는 이상, 그 장치의 실재성을 의심하기는 힘들다는 것이다. 전자electron와 같은 관찰 불가능한 대상들이 실재한다고 믿어도 되는 이유는, 그들에게 개입함으로써 많은 실험들이 성공적으로 이루어지고 있기 때문이다. 해킹의 개입주의적 접근은 실험을 단순히 이론-적재적theory-laden 절차가 아닌 다양한 실험 장치들에 관여하는 실천적 행위로 봄으로써 영미권의 실재론 논쟁에서는 보기 드물게 물질적인 실험 장치와 과학자의 실천적 개입에 주목하고 있다.[29] 이 점에서 대상 실재론은 중요한 유물론적 통찰을 보여주었다고 할 수 있다.

바라드는 해킹의 반표상주의를 계승하면서 그보다 한 발 더 나아간다. 그녀는 과학 실천과 실재론에 대한 해킹의 견해에 동조하면서도, 대상 실재론에서 몇 가지 한계를 발견한다.[30] 우선 해킹은 이론화와 실험을 각각 표상하기와 개입하기에 단순히 대응시킴으로써 이론화 또한 일종의 개입이나 실천일 가능성을 간과한다. 이를 보이기 위해 바라드는 특수 상대성 이론의

29 이론-적재성은 과학철학의 개념으로 관찰이 이론을 전제하는 현상을 가리킨다. 영미권에서는 노우드 러셀 핸슨(Norwood Russell Hanson)에 의해 제시된 이래 토머스 쿤(Thomas Samuel Kuhn,), 파울 파이어아벤트(Paul Feyerabend) 등에 의해 중요하게 다루어졌다. 이들에 따르면 관찰은 외부에서 유입되는 정보를 수동적으로 받아들이는 과정이 아니다. 오히려 관찰자는 이론을 전제한 덕분에 관찰을 통해 정보를 읽어 낼 수 있게 된다. 관찰에는 항상 이론이 '실려 있는' 셈이다.

30 Karen Barad, *ibid.*, 54-56.

발전사에 대한 피터 갤리슨Peter Galison의 연구를 참조한다. 갤리슨은 특수 상대성 이론이 아인슈타인이라는 고독한 천재의 머릿속에서 만개한 추상적 관념이 아니라 당대의 정치적 상황, 기술과학적 발전, 교육과 지성계의 문화 등 구체적이고 사회적이며 물질적인 실천의 산물이었다는 사실을 설득력 있게 보여주었다. 그렇다면 해킹처럼 이론화를 꼭 표상하기로 간주할 필요는 없다. 오히려 개입주의적 접근을 더욱 급진화하여 실험하기가 그런 것만큼 이론화 또한 실제적 개입이나 물질적 실천으로 볼 수 있을 것이다.

또한 바라드가 보기에 해킹의 실재론은 여전히 형이상학적 개체주의를 전제하고 있다. 이는 그가 '대상'에의 개입을 말한다는 점에서 분명하게 드러난다. 대상에 개입한다는 생각은 개입되는 대상이 개입하는 주체와는 별개로 존재한다는 존재론적 가정하에서만 타당하다. 그러나 개입과 관련된 이러한 데카르트적 절단은 행위적 실재론의 입장에서는 받아들일 수 없는 것이다. 개입 대상과 개입 주체가 따로 성립한다는 생각은 "관찰의 대상"과 "관찰의 행위자들"이 따로 존재한다는 생각과 다르지 않다. 그러나 바라드의 보어 독해에 따르면 대상과 행위자들 사이의 고정된 경계는 없다. 비결정적이고 분리 불가능한 현상으로부터 대상과 주체를 오려내는 행위적 절단만이 있을 뿐이다. 그런데 해킹의 개입은 아무것도 오려내지 않는다. 그저 이미 오려져 나온 대상들에 끼어들 따름인 것이다. 그의 대상 실재론은 개입 행위와 구별된 개입 대상을 전제하는 데카르트적 절단 속에서

작동하고 있는 것이다.[31]

그렇다면 행위적 실재론에서 실재적인 것은 무엇인가? 당연하게도 그것은 현상이다. 현상은 정의상 인간의 언어나 정신에 의존하지 않고 성립한다는 점에서 실재한다. 칸트가 말하듯이 인간이 현상을 범주적으로 절단하는 게 아니라 현상이 인간을 행위적으로 절단하는 것이다. 따라서 현상이 인간의 언어나 사유에 의존하는 게 아니라 반대로 인간의 언어와 사유가 현상에 의존한다. 또한 대상 실재론의 확장을 통해 현상의 실재성을 보일 수도 있다. 해킹은 어떤 대상에 개입함으로써 특정한 효과들이 산출된다면, 그 대상을 실재한다고 믿을 수 있다고 보았다. 유사한 기준이 현상에도 적용될 수 있다. 즉 분리 불가능한 다중적 행위성들이 내부-작용함으로써 경계 지어진 대상, 속성, 신체들이 오려져 나온다면, 그 행위성들을 실재한다고 볼 수 있는 것이다. 어떤 대상을 실재하는 것으로 생각하지 않는다면, 어떻게 그것에 개입했을 때 특정한 결과를 얻게 되는지 이해하기 힘들 것이다. 마찬가지로 현상, 즉 분리 불가능한 행위성들을 실재하는 것으로 받아들이지 않는다면, 어떻게 그들 속에서 내부-작용이 일어났을 때 경계 지어진 속성이나 대상들이 오려져 나오는지를 설명하기 어려울 것이다. 이처럼 대상 실재론에서 대상이 실재한다고 정당하게 말할 수 있다면, 유사한 논리로 행위적

31 해킹은 표상된 것과 표상하는 것 사이의 간극이 데모크리토스의 원자론에서부터 출현한 것으로 보고 있다. (Karen Barad, *ibid.*, 48.) 이런 점을 볼 때 해킹도 표상주의가 위장된 형이상학적 개체주의라는 사실을 어느 정도 눈치채고 있었던 것 같다.

실재론에서 현상이 실재한다고 말할 수 있을 것이다. 대상 실재론에서 개입이 대상의 실재성을 결정한다면 행위적 실재론에서는 내부-작용이 현상의 실재성을 결정한다. "노려보지만 말고, 끼어들어라"Don't just peer, interfere라는 해킹의 격언을 대신하는 바라드의 모토는 "끼어들지만 말고, 그 사이를 실행하라"Not simply intervene, enact the between다.[32] 행위적 실재론은 표상 없는 실재론, **현상 실재론**phenomena realism이다.[33]

대상 없는 객관성: 현상을 해명하기

행위적 실재론은 형이상학적 개체주의를 벗어나면서 객관성 개념 또한 재정식화해야 했다. 왜냐하면 기존의 객관성 개념이 형이상학적 개체주의를 전제하고 있었기 때문이다. 전통적인 객관성 개념에 따르면, 주체가 주체와 분리된 독립적 대상을 지시할 경우에만 그것을 객관적으로 인식한다고 해야 한다. 이런

32 Karen Barad, ibid., 359.

33 "이는 인간이 현상이 존재할 가능성의 조건이라고 말하는 것이 아니다. 현상은 그것이 존재하기 위해 인식하는 정신을 요구하지 않는다. 반대로, "정신" 자체가 특정한 내부-작용을 통해 창발하는 물질적 현상이다. 현상은 실재적인 물질적 존재인 것이다. 기술과학적 실천을 통해 분명해지는 것은, 특정한 물질적 현상이 가진 객관적 존재의 표현이다. 이는 어쨌든 과학적 실천에 대한 실재론적 사고방식이다." (Karen Barad, *ibid.*, 361.)

객관성은 주체와 대상이 서로 동떨어져 존재할 경우, 즉 주체와 대상 사이의 데카르트적 절단이 이루어진 경우에만 성립한다. 그러나 현상의 비결정성에 의하면, 본질적으로 고정된 주체-대상의 경계는 있을 수 없다. 바라드는 쟁점을 분명히 하기 위해 양자역학을 둘러싸고 벌어진 아인슈타인, 포돌스키Boris Podolsky, 로젠Nathan Rosen과 보어 사이의 유명한 논쟁을 참조한다. 바라드는 돈 하워드Don Howard의 연구를 참조하여 아인슈타인이 절대적인 "외부성"externality, 즉 공간적 분리spatial separation를 객관성의 조건으로 보았다고 주장한다. 아인슈타인에게 공간적 분리는 곧 존재론적 분리 가능성을 의미했으며 존재론적 분리 가능성이 성립하지 않는 한 객관성은 불가능한 것으로 생각되었다는 것이다. 그러나 보어는 양자역학이 바로 그런 존재론적 분리의 불가능성을 보여준다고 생각했기에 객관성 또한 다르게 정식화할 수밖에 없었다. 행위적 실재론은 기본적으로 객관성에 대한 보어의 입장을 따른다.

그러나 바라드가 보어의 객관성을 곧이곧대로 받아들이는 것은 아니다. 바라드가 보기에 객관성에 대한 보어의 재정식화에는 애매한 구석이 있다. 보어는 "관찰의 대상"과 "관찰의 행위자들"을 분리 불가능한 것으로 보았으면서도 여전히 측정을 "객관적"이라고 주장한다. 그는 "객관적"이라는 말을 과학자들 사이에 재현 가능하고 애매하지 않은 소통이 가능하다는 의미로 사용했다. 즉 실험 조건들을 정의하는 신체들에 지속적으로 남겨지는 표지들, 가령 사진건판에 찍힌 점들을 해명할 수 있다면 "객관적"으로 과학적 실천을 수행할 수 있다는 것이다.[34] 신체와 표지들이라는 물질성을 참조함에도 불구하고, 이런 객관성은 사실상 과학자 사회의 상호주관성과 크게 다르지 않다. 과학자들은 관찰의 대상과 무관한 외부의 관찰자처럼 다루어지고 그들 사이의 안정적이고 명확한 소통이 객관성의 최종심급이 된다. 객관성이 여전히 인간중심적이고 인식론적으로 이해되고 있는 것이다. 바라드는 보어의 상호주관성으로서의 객관성 개념이 "관찰의 대상"과 "관찰의 행위자들" 사이의 데카르트적 절단을 거부하는 보어 자신의 철학-물리학과 양립하기 힘들다는 점을 날카롭게 지적한다.[35] 객관성은 보다 더 탈-인간중심적이고 존재론적으로 이해되어야 한다.

행위적 실재론에서 객관성은 외부의 관찰자가 관찰 대상을 지시할 때가 아니라 어떤 관찰자와 관찰 대상이 오려져 나오는지, 그들이 어떻게 차이 나게 오려져 나올 수 있는지를 해명할 수 있을 때 얻을 수 있다. "객관성의 존재론적 조건은 행위적 분리 가능성" 즉 "현상 내부에서 행위적으로 실행된 존재론적 분리 가능성"이다.[36] 객관성은 "현상-내부의-외부성"exteriority-within-

34 Karen Barad, *ibid.*, 119.

35 Karen Barad, *ibid.*, 153-154.

36 Karen Barad, *ibid.*, 174-175. 또한 다음을 참조하라. "행위적 절단이 실제로 제공하는 것은 현상 내부의 존재론적 분리 불가능성에 대한 가능한 해소(resolution) 즉 객관적 기술을 위한 조건들이다. 다시 말해, 그것은 신체들에 남겨진 표지에 대한 애매하지 않은 설명을 가능하게 하지만, 이는 오직 특정한 현상 내부에서만 그렇다."(Karen Barad, *ibid.*, 348.)

the-phenomenon의 문제다.[37] 행위적 실재론은 공간적으로 절대적인 외부성을 현상에 상대적인 외부성으로, 존재론적 분리 가능성을 행위적 분리 가능성으로 대체하면서 상호주관성에서 완전히 벗어나지 못한 보어의 객관성을 실재론적으로 강화하고 있다. 행위적 분리 가능성이란 행위적으로 절단될 수 있는 가능성, 가능한 내부-작용과 다르지 않다. 어떤 신체에 왜 특정한 표지들이 남겨지는지, 그리고 어떤 표지가 남겨질 수 있는지를 내부-작용하는 행위성들을 통해 해명할 수 있다면, 그 표지들에 대한 객관적 지식을 얻었다고 할 수 있는 것이다.

가령 내가 임의의 신체에 지속적으로 남겨지는 표지들, 예컨대 창가에 낀 성에를 보고 있다고 하자. 만약 내가 내 눈에 보이는 성에를 공기 중 산소와 질소 분자들, 창가의 H_2O 분자들, 창문을 구성하는 유리 분자들의 행위성, 온도와 관련된 무수한 행위성, 나아가 나의 망막과 시신경을 활성화하는 행위성들의 내부-작용을 통해 해명할 수 있다면, 그리고 그 성에가 어떻게 다른 모양, 다른 두께, 다른 속도로 형성될 수 있는지를 해명할 수 있다면, 나는 내가 보는 성에에 대한 객관적 지식을 가졌다고 할 수 있다. 이 과정에 관여하는 무수한 행위성들은 분리 불가능하게 맞물려 돌아가면서 성에라는 인식대상을 물질화하고 있을 뿐 아니라, 그와 동시에 성에를 바라보는 나라는 인식주체도 물질화한다. 그들은 보이는 성에와 성에를 보는 나를 동시에

37 Karen Barad, *ibid.*, 345-346.

행위적으로 절단하는 장치인 것이다.

과학자들이 측정값들을 통해 객관적 지식을 얻을 수 있는 이유는 측정값들이 독립된 대상의 속성을 지시해서도, 과학자들이 그들에 대해 원활하게 소통할 수 있어서도 아니다. 오히려 그 측정값들이 어떻게 그렇게 나왔는지, 그리고 어떻게 다르게 나올 수 있는지를 해명할 수 있을 때, 과학자들은 비로소 객관적 지식을 얻게 된다. 그러한 해명의 과정에서 과학자들은 그 측정값들이 만들어진 물질화의 과정에 관여한 다중적인 행위성들, 즉 장치 또는 현상에 대한 지식을 얻게 되는 것이다. 측정값이 주어지기 전까지는 엄밀히 말해 측정값도, 측정하는 과학자도, 측정 설비도 없었다. 그저 측정하려고 '애쓰는' 과학자와 측정을 위해 '준비된' 설비의 느슨한 결합이 있었을 뿐이다. 측정이 이루어지면서 그 상황으로부터 측정값과 측정하는 과학자 그리고 측정 설비가 비로소 분리되어 나온다. 이처럼 측정하는 과학자와 측정값은 그 값을 산출한 행위성들보다 언제나 나중에 오며 반대로 그 행위성들은 측정하는 과학자와 측정값보다 항상 우선한다. 현상은 언제나 인식되는 대상들, 사물들, 그리고 인식하는 인간들보다 존재론적으로 우선하는 것이다. 그렇다면 현상에 대한 지식은 인간에 앞선 실재에 대한 지식이며 따라서 객관적일 수 있다. 측정값들의 지시 대상은 측정을 기다리는 독립된 대상이나 속성이 아니라 그들을 오려낸 현상이다. "측정된 속성은 현상을 지시한다."[38] 객관적이게 된다는 것은 주체가 그것의 일부이자 산물인 물질화, 내부-작용 또는 현상을 지시할 수 있게 된다는 것이다. "객관성은 무엇이 물질화하는지, 무엇이 존재하게 되는지에 대한 **해명가능성**accountability의 문제이다."[39] 이런 객관성은 인간들 사이의 소통 가능성을 넘어선다는 점에서 탈인간주의적이고, 특정한 물질화에 대한 해명 가능성을 요구한다는 점에서 존재론적이다.[40] 행위적 실재론의 객관성은 대상 없이 성립하는 객관성, 물질적 해명 가능성으로서 객관성인 것이다.

물의를 빚는 우주: 물질이 물질을 창조한다

행위적 실재론의 요점을 '몸'과 '몸짓'이라는 은유로 요약해 볼 수 있을 것이다. 무엇이 있는가? 고르디우스의 매듭처럼 얽힌 몸짓들이 있다. 그 몸짓들 중에는 인간 같은 몸짓도 있고 인간 같지

38 Karen Barad, *ibid.*, 120, 340.

39 Karen Barad, *ibid.*, 361. 강조 추가. 그리고 340, 390-391. 일반적으로, 'accountability'은 책임(responsibility)와 대비되어 '책무(성)'으로 번역되며, 설명해야 할 책임이라는 의미에서 '설명 책임' 또는 '설명 책무' 등으로 번역되기도 한다. 기본적으로 'accountability'의 의미는 가령 '누군가는 이 일에 대해 해명을 해야 한다'고 할 때 '해명'의 함의와 유사하다. 따라서 이 책에서는 '해명가능성'으로 옮겼다.

40 Karen Barad, *ibid.*, 340.

않은 몸짓도 있다. 그렇게 얽힌 몸짓들은 말과 따로 놀 수 없다. 마치 수화처럼, 그 몸짓들이 뭔가를 생각하거나 말하게 하기 때문이다. 그들은 몸짓이면서 동시에 말이다. 얽힌 몸짓 속에서 몇몇 몸짓들이 되풀이되기 시작한다. 그렇게 되풀이되는 몸짓은 점차 다른 몸짓과 뚜렷하게 구별되는 동선을 갖게 되고, 그 동선은 다른 몸짓들이 침범하거나 교란할 수 없는 테두리나 윤곽처럼 작용한다. 몸짓이 '굳어지고', 몸짓들이 얽혀서 '물의를 빚는' 것이다. 이 우주는 몸짓들의 얽힘 그 자체다. 온갖 몸짓이 얽히고 설킨 우주에서 인간의 몸짓이 빠진다 해도 별다른 문제는 없을 것이다. 인간 아닌 것들의 몸짓이 알아서 계속 물의를 빚을 것이기 때문이다.[41] 이 우주는 137억 년 동안 그렇게 빚어졌고, 지금도 그렇게 빚어지고 있으며, 앞으로도 그렇게 빚어질 것이다. 되풀이되는 몸짓들이 굳어져서 크고 작은 몸들을 낳고, 몸짓들이 얽혀서 크고 작은 물의를 빚는다. 이것이 행위적 실재론이 그리는

41 다음과 같은 바라드의 설명은 행위적 실재론의 실재론적 성격을 명료하게 드러내고 있다. "물질성에 대한 행위적 실재론의 개념화는 세계의 투명한 또는 직접적인 소여성(immediate givenness)에 대한 전통적인 경험론적 가정을 재기입하지 않고서, 그리고 세계에 대한 우리의 매개된 접근을 인정하기를 요구하고 그것으로 논의를 끝내 버리는 분석적인 교착 상태에 빠지지 않고서 물질적 제약과 조건들을 설명할 수 있게 해 준다. 경험이나 물질적 세계가 '매개되어 있다'는 아무 데서나 들을 수 있는 선언은 뭘 어떻게 해 나가야 하는지에 대한 지침을 거의 주지 못했다. 매개라는 개념이 너무 오랫동안 경험 세계에 대한 좀 더 철저한 설명 방식을 가로막아 왔던 것이다. 여기서 제시된 물질성의 재개념화는 경험 세계를 다시 한 번 진지하게 고려할 수 있게 해 주지만, 이번에는 객관적 지시 대상이 겉으로 보이는 대상 세계의 "직접적인 소여성"이 아니라 현상이라는 사실을 이해한 채 그러한 고려를 가능하게 한다."(Karen Barad, *ibid.*, 152.)

우주다.

행위적 실재론이 그리는 우주는 새로운 물질성과 횡단성을 고스란히 드러내고 있다. 그것은 가장 분명한 형태로 전개된 신유물론이다. 바라드는 자신의 신유물론을 윤리학으로 확장시킨다. 물질과 담론의 상호 함축은 존재와 인식의 분리 불가능성을 의미하는데, 이 존재-인식적 얽힘은 다시 타자에 대한 윤리적 고려와 얽히게 된다. 그래서 바라드는 자신의 실재론을 **윤리-존재-인식론**ethico-onto-epistemology이라고 부른다.[42] 행위적 실재론 자체가 윤리학 하기, 존재론 하기, 인식론 하기가 분리 불가능하게 내부-작용하면서 만들어진 현상인 것이다. 세계뿐만 아니라 세계에 대한 이론도 현상이다. 만물이 현상인 것이다. 이 점에서 바라드가 자신의 책의 제목으로 삼은 '우주를 중간에서 만나기'는 의미심장하다. 뭔가를 중간에서 만난다는 표현은 흥정 또는 협상에서 타결안을 만들어 내는 과정을 가리킨다. 타결안은 어떻게 만들어지는가? 한쪽은 언제나 다른 쪽이 꺼내는 카드를 보고 자신의 카드를 꺼내야 한다. 협상에서 양측이 제시하는 조건들은 분리 불가능한 상호 함축 관계에 있는 것이다. 왜 그런 조건을 제시하는지를 양측에 물으면, 그들은 각각 서로의 조건을 동시에 가리킬 것이다. 중간이란 이렇게 양측의 협상이 매듭지어지는 곳을 뜻한다. 바라드가 우주를 중간에서 만난다고 할 때,

42 에마뉘엘 레비나스(Emmanuel Levinas)와 타자, 윤리에 대한 바라드의 흥미로운 언급은 Karen Barad, *ibid.*, 391-393을 참조하라. 윤리-존재-인식론에 대해서는 90, 381, 409의 주석 10을 참조하라.

그녀는 우주가 그렇게 매듭지어진 타결안들로, 즉 현상들로 가득 차 있다고 말하고 있다. 우주를 중간에서 만나는 것은 현상 즉 우주를 창조하는 일과 다르지 않다. 누가 누구를 창조하는가? 물질이 물질을 창조한다. 물질이 물의를 빚는 것이다Matter matters.

마지막 대화

PP 바라드는 다른 신유물론과 조금은 다른 것 같은데, 방식이나 내용에서.

NH 다르기도 하고 같기도 하고. 실제로 베넷이나 브라이도티 같은 생기론적 신유물론과 구분해서 수행적 신유물론이라고 부르기도 하니까. 둘을 비교해 보는 건 참 재밌어. 가령 이제까지 봤듯이 다른 신유물론자들은 암묵적으로, 아니 거의 명시적으로 들뢰즈에게 의존하잖아. 그래서 신유물론을 두고 신들뢰즈주의라고 말하는 경우도 있어. 아주 틀린 말은 아닌데, 흥미롭게도 바라드는 그렇지가 않아. 《우주를 중간에서 만나기》에서 들뢰즈는 딱 두 번 언급돼. 한 번은 간단하게 인용되고, 또 한 번은 가능성과 관련된 주석에서 비판적으로 언급돼. 오히려 바라드가 크게 의지하는 건 버틀러의 수행성, 푸코의 담론, 해러웨이의 상황적 인식론 그리고 무엇보다 보어의 물리철학이야.
다른 신유물론에서 들뢰즈가 차지하는 위상을 바라드에게서는 보어가 차지하고 있는 것처럼 보일 정도야. 바라드는 철학자이기 이전에 양자물리학자잖아. 어쩌면 양자역학을 보어의 철학-물리학을 통해 존재론적으로 해석한 결과가 행위적 실재론이라고 할 수 있을지도 몰라. 실제로 바라드의 해석을 신보어적 관점neo-Bohrian perspective이라고 부르기도 해.

PP 다르다는 거네. 그럼 같다는 건 무슨 말이야?

NH 방식은 달라도 신유물론의 주요 테마가 뚜렷하게 드러나고 있으니까.
신유물론의 주요 테마가 새로운 물질성이라고 했잖아.
능동적이고, 생기 있고, 창조적인 물질, 스스로 힘써 행하는 물질, 인간의 의도나 계산,
예측을 벗어나는 방식으로 뭔가를 행할 수 있는 행위성 말이야.
그런 잠재성이나 역량을 데란다는 형태형성적 힘이라고 하고
베넷은 생기적 물질성이라고 하고, 브라이도티는 조에라고 하는 거야.
그런데 바라드에게서는 물질이 행위성이나 역량을 발휘하는 것을 넘어서
행위성과 단적으로 동일시돼. 그러니까 물질이 아예 행위성 그 자체인 셈이지.
행위성으로서의 물질들이 반복적인 내부-작용을 통해 대상으로서의 물질,
개별화된 객체를 오려내고, 그렇게 오려져 나온 객체들이 지시체가 됨으로써
개념이 의미를 갖게 되는 거야. 그야말로 물질이 물의를 빚는 거지.
물질이 물의를 빚는다는 건 말하자면 '물질이 물질하는' 거라고 할 수도 있어.
그런데 이 모든 건 물질들, 즉 현상을 구성하는 내부-활동적 행위성들이 스스로 하는 거거든.
자기가 자기를 오려내고, 스스로 자기 자신을 맺고 끊는 거야.
이 이상으로 능동적이고, 생기 있으며, 창조적인 물질이 어디 있어?

PP 아, 그런데 벌써 카페 마감 시간이란다.

NH 너 먼저 가라.

나가며:

불온한 물질과 함께 머물기

잼 세션은 여러 연주자들의 즉흥 연주로 이루어진다. 즉흥적인 퍼포먼스를 통해 연주자의 실력과 감각이 고스란히 드러나기에 웬만큼 실력에 자신이 없다면 시도하기 어려운 합주 방식이다. 이를 뒤집으면 노련한 베테랑 연주자들의 잼 세션만큼 듣기에 즐거운 것이 없다는 말도 된다. 그러나 아무리 잼 세션이 즉흥 연주의 연속이라고 해도, 실제로는 미리 대략적인 테마를 정해 두기도 하고 세션이 진행되면서 주류적이고 지배적인 테마가 생겨나기도 한다. 신유물론이 전개되는 양상은 잼 세션과 비슷하다. 서로 잘 알지도 못하는 연주자들끼리 한날 한시에 만나 코드만 대충 맞춰 보고 세션을 시작하듯이, 기본적으로 완전히 다른 학제적, 문화적 배경에서 각자의 길을 걷던 이들이 어느 순간부터 신유물론이라는 문제적인 이름으로 뭉뚱그려져 불리게 된 것이다. 세션을 진행하면서 연주자들이 알게 모르게 서로의 연주에 영향을 받으며 하나의 세션을 진행하듯이, 여러 신유물론자들 또한 때로는 암묵적으로, 때로는 명시적으로 서로를 참조하면서 하나의 흐름을 만들었다. 신유물론은 말하자면 지금도 한창 진행 중인 사유의 잼 세션인 셈이다.

다시 강조하지만 신유물론은 동질적인 정체성을 지닌 학파로 볼 수 없다. 굳이 말하자면 그것은 하나의 **스타일**style에 가까울 것이다. 여기서 스타일은 문체나 양식만이 아니라, 서로 다른 이들에 의해 공유되어 하나의 지적 흐름이 형성될 수 있도록 해 주는 요소들의 집합을 의미한다. 이미 사회학에서는 1920년대에 카를 만하임Karl Mannheim이 스타일의 개념을 인식적으로 확장하여 '사고 스타일'thought style이라는 용어를 사용했으며, 앞서 언급된 해킹 또한 자신의 생각을 '추론의 스타일'style of reasoning이라고 명명한 바 있다. 사유의 스타일은 지각, 추론, 사고의 방향을 인도함으로써 새로운 인식을 가능하게 하지만, 또한 다양한 차이와 모순으로부터 결코 자유롭지 않다. 스타일을 공유하는 이들은 그런 차이에도 불구하고 어떤 내적 통일성을 읽어 낼 수 있다는 점에서 학파와는 구분된다. 신유물론 또한 이런 사유의 스타일로 이해하는 것이 좋을 것이다. 들여다보면 볼수록 신유물론으로 분류되는 이론들 사이에는 공통점보다 차이가 더 많다. 그럼에도 불구하고, 그들 사이에서 어떤 일관성이 보이는 것도 사실이다. 이런 의미에서 신유물론은 정형화된 논제와 개념들의 목록보다는 오히려 이질적인 내용들로부터 간접적으로 읽어 낼 수 있는 스타일에 가깝다고 할 수 있다.

신유물론이 사유의 스타일이라면, 그 사유는 무엇에 대한 사유인가? 그 사유의 대상은 무엇일까? 당연하게도 그것은 물질일 수밖에 없다. 신유물론은 **유물론적 사유의 새로운 스타일a new style of materialist thinking**인 것이다. 이 책에서는 그 스타일의 핵심을 새로운 물질성과 횡단성으로 정리했다. 마치 잼 세션에서 몇 가지 테마가 변주되듯이, 스스로 힘을 발휘하는 능동적인 물질성, 그리고 자연과 문화, 물질과 의미의 총체성 없는 통일성이 신유물론이라는 사유의 스타일 속에서 다채로운 방식으로 표현되고 있는 것이다.

신유물론이 말하는 새로운 물질성은 일견 긍정적인 것처럼 보이지만 사실은 전혀 그렇지 않다. 죽은 (것처럼 보이는) 물질이 무력하지 않으며 나름의 행위성을 발휘하고 있다는 생각은 상당히 솔깃하며 심지어 낭만적이기까지 하다. 물질계 전체가 활기차게 움직이고 있는 모습은 아름답게 느껴지지 않는가? 물질의 능동성과 생기, 창조성만을 본다면 그렇게 느껴질 수 있다. 그러나 문제는 바로 그러한 능동성과 활기가 언제나 인간의 예측과 통제를 벗어날 수 있다는 것이다. 데란다는 비선형 인과성의 사례들로부터 잠재적인 물질을 읽어 내며, 베넷은 들뢰즈와 과타리를 따라 창발적 인과성과 물질의 유목주의를 강조한다. 이들이 말하는 비선형성과 창발성, 유목주의는 잠재적이고 생기적인 물질성이 언제나 인간의 예측과 통제에 따라 움직이지는 않는다는 사실을 드러낸다. 인간은 아직 물질이 무엇을 할 수 있는지를 다 알지 못하고, 아마 앞으로도 물질에 대한 완전한 예측과 계산, 통제와 조종은 불가능할 것이다. 복잡성이나 창발성은 이러한 예측 불가능성과 통제 불가능성을 긍정적으로 이르는 말일 따름이다. 물질의 능동성과 행위성, 잠재적 역량은 인간의 기호나 취향, 가치와는 아무런 상관없이 발휘될 수 있으며 실제로 그렇게 발휘되고 있다. 그렇다면 새로운 물질성은 그저 감상하고 향유할 만한 형이상학적 낭만이 아니라 오히려 시급히 대처해야 할 현실적인 위험일 수 있다. 현재 인류는 바이러스가 '비선형적으로' 전파될 가능성을 어찌 하지 못해서 전전긍긍하고 있지 않은가? 원자력 발전소의 핵물질들이 인간의 관리와 통제를 벗어나 '창발적인' 역량을 발휘한다면 어떻게 될까? 기후 위기는 거대한 규모로 '유목하는' 물질들이 어떤 파국적 결과를 가져올지를 분명하게 보여주고 있지 않은가? 새로운 물질성은 적극적일 뿐, 반드시 긍정적이지는 않다. 그것은 얼마든지 거대한 폭력과 재앙으로 이어질 수 있다. 스스로 힘써 행하는 물질은 언제나 다소간 위험하고 불온한 물질이기도 한 것이다. 1장에서 행위성이 온 물질계로 얇게 퍼진다고 한 바 있다. 그런데 물질의 행위성이 언제나 불온함과 위험을 수반한다면, 행위성이 얇게 퍼진다는 것은 곧 물질이 존재하는 어디서나 다소간의 불온함과 위험이 상존한다는 뜻이 된다.

이처럼 새로운 물질성은 이제까지 느끼지 못했던 물질에 대한 낯선 감각을 일깨운다. 이 제거 불가능한 물질의 불온함을 어떻게 다루어야 할까? 여기서 단서가 되는 것이 물질의 횡단성이다. 물질에는 인간의 예측과 통제에 저항하는 최소한의 불온함이 스며 있지만, 그 불온함은 사회문화적, 담론적 실천과 공-구성적으로 연결되어 있다. 물질의 역량과 행위성, 창조성 자체가 바로 물질-기호 또는 자연문화인 것이다. 바이러스 확진자 수의 증가가 과연 물질의 문제일 뿐일까? 바이러스의 기원은 자연적일지 모르지만, 그것이 확산되고 전파되는 속도와 양상은 적어도 부분적으로는 방역 조치 완화라는 제도적 실천, 팬데믹 이전의 상황을 조금이라도 복구하고자 하는 문화적 욕망이 빚어낸 결과일 것이다. 핵물질의 창발적 역량 또한 순수하게 핵물리학의 문제일 수만은 없다. 원자력발전은 에너지의 문제이면서 그와 동시에 경제, 사회, 정치의 문제이다. 기후 위기는 더 말할 것도 없다. 그것은 기후정의climate justice라는 윤리적, 정치적 실천과 직접적으로 연동된다. 물질의 행위성은 사회구성적 실천과 하나로 어우러지지 않고, 자연의 힘은 문화의 힘과 종합되지 않는다. 그럼에도 불구하고 그들 사이에는 모종의 통일성이 성립하며 그들은 힘을 합쳐 다양한 구성물들을 만들어 낸다. 이와 같은 횡단성을 진지하게 고려한다면, 물질이 결코 물질만의 문제일 수는 없다는 사실도 인정할 수밖에 없을 것이다.

물론 물질-기호적으로 또는 자연문화적으로 접근한다고 해서 물질을 완벽하게 예측하고 통제할 수 있는 것은 아니다. 그러나 물질에 대한 인간의 완전한 예측과 통제가 불가능하다고 해서 물질이 갑자기 손 쓰지 못할 정도로 미쳐 날뛰는 물질, 귀신 들린 물질이 되는 것도 아니다. 물질이 정말 미쳐 날뛰고 중구난방으로 행동할 뿐이라면 물질의 위험과 불온함에 어떻게 대처할지를 고민하는 게 무슨 소용이 있겠는가? 물질이 '인간이 할 수 있는 일들'과 구성적으로 얽혀 있기에 물질의 변화에 대한 대처가 가능한 것이다. 물질이 본질적으로 불온한 존재라는 것을 인정한다고 해서 물질의 흐름과 변화를 완전히 방임한 채 모든 가능한 횡단적 활동에서 손을 떼야 하는 것은 아니다. 유목민들은 떠돌아다니지만 그렇다고 동물들의 움직임을 수동적으로 따라다니지는 않는다. 유목은 단순한 방목이 아니다. 오히려 유목민들은 유목을 위해 환경을 정확하게 인식해야 하고, 상황을 신중하게 파악해야 하며, 엄격한 규율을 만들고 지켜야 한다. 아무리 길들이고 훈련시키더라도 동물들에게서 예측 불가능하고 통제 불가능한 측면을 완전히 제거할 수는 없다. 하지만 유목민들은 나름의 인식과 규율을 통해 그런 예측 불가능하고 통제 불가능한 존재들을 몰고 다니는 것이다. 유목하는 물질들에 대해서도 마찬가지로 생각해 볼 수 있을 것이다. 들뢰즈와 과타리는 이미 금속을 비유기적 생명의 대표 사례로 보고 야금술의 장인들이 그 생명의 흐름과 어떻게 교섭하는지를 묘사한 바 있다. 그렇다면 야금술은 단지 금속을 다루는 잡다한 기술들을 넘어서 새로운 물질성을 다루는 방식의 범례가 될 수 있을 것이다. 현재 인류에게 절실하게 요청되는 것은 어쩌면 바이러스의 야금술, 원자력의 야금술, 기후의 야금술을 통해 물질의 불온함을 견딜 만한 것으로 만드는 일, 불온한 물질과 함께 머무는 일일지 모른다.

인류가 버티고, 견디고, 함께 머물러야 할 불온한 물질이란 해러웨이가 말하는 **퇴비**compost와 다르지 않을 것이다. 퇴비는 "땅속에chthonic 사는 것들, 서로 얽히고, 진행 중이고, 생성적이고, 파괴적인 지구의 존재들과 거의 동의어"로서 "복수종의 삶과 죽음, 먹고 먹히기, 상호 의존적인 뒤얽힘, 공생, 자연문화"를 구체적으로 지시하는 말이다.[1] 불온한 물질 속에 몸담고 살아가는 것, 퇴비 속에서, 퇴비로서 살아가는 것. 아마도 그것이 유물론적 사유의 새로운 스타일을 받아들인 이들이 바랄 수 있는 최선일 것이다. 데이비드 핀처David Fincher의 영화에 나오는 대사처럼 "우리는 모두 같은 퇴비 더미의 일부"이자 "노래하고 춤추는 세상의 똥덩어리"니까 말이다.

1 주기화, 〈신유물론, 해러웨이, 퇴비주의〉, 《비교문화연구》, 제65집, 2022, 127.

찾아보기